야자수 너울에 정박하다

수필세계사가 만든 우리시대의 수필작가선 110 배정순 수필집

우리시대의 수필작가선 110

야자수 너울에 정박하다

배정순 수필집

수필세계사

작가의 말

나에게 수필은

    출판물은 넘쳐나는데 책 읽는 사람은 없다고들 하네요. 현란한 디지털미디어의 영향일까요? 저의 좁은 소견이지만 디지털은 시각적인 자극은 줄지 몰라도 자신만의 이미지를 만들어 내는 데는 한계가 있지 않을까 싶습니다.

    책을 읽는다는 건, 혹은 쓴다는 건 다른 사람의 경험이나 사유를 공유하여 안으로는 자기의 내면을 돌아보고 바루는 작업이라고 생각합니다. 저의 어설픈 독서와 글쓰기에서 그걸 배웠습니다.

    중년을 넘어서니 제게 남은 건 텅 빈 마음뿐, 손에 쥔 게 없더군요. 그즈음 우연히 수필을 만났습니다. 수필은 그때부터 나의 친절한 길 안내자가 되어주었습니다. 내 안에 웅크리고 있던 축축한 옹이들 하나하나 끌어내어 햇볕에 말렸습니다. 파인 곳은 돋우고 웃자란 건 잘라 바루면서 눈물은 왜 없었겠습니까? 졸문 하나하나 출산할 때마다 그만큼의 무게로 마음이 가벼워지더군요. 이젠 다 가오는 여정을 어찌 살아야 할지 어렴풋이 길이 보입니다.

누군가 삶에는 설렘이 있어야 한다더군요. 새벽에 눈을 뜨면 이 나이에도 뭔가 할 일이 있다는 게 설렙니다. 설레는 삶이란 목적이 있을 때 생기는 것 아닐까요? 이루어야 할 목적이 있다는 건 혼자 있어도 혼자 있는 게 아니었습니다. 마치 친구 하나 둔 것처럼 말입니다.

수필을 쓴 지 올해로 10년입니다. 10년이면 강산도 변한다지요? 살아보니 그건 빈말이 아니더군요. 이전과 달리 마음이 단단해졌다는 자평입니다. AI가 사람의 감성까지 접수한다고 해도 내 노력으로 책에서 얻은 얕은 지혜만 할까요?

늦은 나이에 수필을 만났지만, 아직 남은 유예 기간, 내 삶의 행간에 쌓이는 자잘한 옹이들을 글쓰기로 풀어낼 생각입니다. 책 속에 길이 있다고 믿는 한 순항할 것 같습니다.

조심스럽게 졸저 발간하는 변명을 해 봅니다.

삽상한 늦가을 날에

배 정 순

차례

작가의 말

제1부

고향 풍경

013 고향 풍경
018 나에게 이름 찾아 주기
023 선글라스와 색안경
027 나의 휴가
032 도둑 전화
037 행복은 생각 나름
041 케렌시아
046 다시 분을 바르다
050 그레질

제2부

야자수 너울에 정박하다

신 고부열전 057

견해 차이 062

휴양지에서 생일 케이크에 불 밝히다 066

며느리의 온기 071

경주, 가족 여행 소확행 076

14일간의 동거 081

며느리집 방문기 085

야자수 너울에 정박하다 090

늙으니 좋다 095

제3부

길들이기

103 유품

107 묘사

113 추억의 끈을 잡고

118 미운 정 고운 정

122 빛바랜 사진 한 장

128 인생 후반의 딜레마, 불면증

133 골초들의 설 자리

138 노치원 오빠

143 길들이기

제4부
자쾌自快

삶, 마음먹기 달렸다　151
공생共生　155
꼰대와 MZ세대　160
바닥짐　165
뉴 식스티의 생존법　170
말 걸어줘서 고맙소　174
잉여 인간의 넋두리　178
기후 우울증　182

제5부
파도 소리

- 189 고래마을 장생포
- 194 슬로시티 청산도
- 199 화순 문화 기행
- 204 두 다리 성해 걸을 수 있을 때까지
- 209 어느 가수에 대한 변명
- 214 프로는 다르다
- 219 하산길

제1부

고향 풍경

거실 액자 사진 속에서는 여전히 갯벌 사이로 흐르는 물길이 꿈틀댄다.
세월은 나만 훑고 지나간 것이 아니었다.

- 고향 풍경
- 나에게 이름 찾아 주기
- 선글라스와 색안경
- 나의 휴가
- 도둑 전화
- 행복은 생각 나름
- 케렌시아
- 다시 분을 바르다
- 그레질

고향 풍경

  거실 벽에 신안 앞바다 증도에서 찍은 사진 한 점이 걸려 있다. 연초록 수초와 자주색 칠면초가 어우러진 수초 사이로 하얀 물길이 부드러운 곡선을 그리며 바다로 흘러든다. 그 물길이 마치 고향 마을 앞 푸른 들녘을 가르며 나 있는 하얀 신작로 같다.

  섬 젊은이들은 자기 앞가림할 나이가 되면 하얀 신작로를 따라 육지로 나갔다. 명절 때가 되면 마을을 떠났던 언니 오빠들이 촌티를 벗고 금의환향하듯 그 길을 걸어 돌아왔다. 그 모습이 얼마나 부러웠던지……. 그들이 다시 돌아가면 허전한 마음에 몇 날 며칠 가슴앓이를 했었다. 나도 얼른 자라 저 신작로를 따라 뭍으로 나가야지 하는 마음에 세월을 앞당기고 싶었다.

고등학교 졸업으로 그 꿈은 이루어졌다. 나의 서울 생활은 언니 양장점을 돕는 일이었지만, 땡볕에 나가 일하지 않는 것만으로도 좋았다. 한데 서울살이는 생각처럼 아름답지도 화려하지도 않았다. 양장점은 잘 되었지만 우리가 애써 번 돈은 오빠가 벌인 사업의 밑닦기에 바빴다. 서울에 살아도 구경 한 번 다닐 수 없는 지리멸렬한 삶, 얼마 안 가 그날이 그날 같은 단조로운 삶에 진저리를 쳤다.

결혼이 탈출구였다. 그러나 한 가정을 이룬다는 것, 그 또한 생각처럼 달콤한 것은 아니었다. 이것저것 감당해야 할 책무가 나를 옭아맸다. 정신없이 살다 보니 어느새 머리가 반백이 다 되어 있었다. 허무했다. 나름의 목적을 향해 최선을 다했다고 생각했는데 내 삶은 무엇인가! 남은 건 낡은 육신뿐, 내 것이라고 내세울 게 없었다. 사람으로 태어나서 이건 아니지 싶었다. 널브러진 마음은 어찌 감당해야 할까.

좋을 땐 잊고 살던 고향이 그립고. 저 세상에 간 어머니가 보고 싶었다. 눈에 안 보이면 멀어진다고 하던데 고향에 대한 그리움은 떠나온 세월만큼 깊이를 더했다.

누군가는 그랬다. 고향은 어머니의 자궁 속과 같다고. 그 땅에서 나고 자라 사람의 꼴을 갖춘 태자리이니 그리 말해도 무방하리라. 세상에서 가장 아늑하고 따뜻한 엄마의 자궁 속, 사람이면 누구나 갖는 자궁 회귀 본능이 이런 것일까. 아직 걸을 수 있으니 고향 길은 열려 있다. 이제라도 가자.

  친구에게 전화를 넣었다. 이심전심이었던지 의기투합 고향을 찾기로 마음을 모았다. 그날을 기다리며 꿈에 부풀었다. 한데 친구가 불길한 소식을 보내왔다. 병원 신세를 지고 있다고. 나라고 다를까. 원거리 여행은 차츰 어려워지고 있다. 늙은이에게 건강은 장담할 수 없지 않은가.

  그리운 고향길, 혼자서 배낭을 꾸려 나섰다. 그런데 기대는 고향 땅 주차장에서부터 무너져 내렸다. 이미 내가 그리던 고향이 아니었다. 구수한 사투리도, 인정스럽고 수더분한 섬사람의 모습도 찾아볼 수 없었다. 대교 개설 이후 도시 문물이 들어와 여느 도시와 다르지 않았다.

  낯섦은 고향 마을에서도 이어졌다. 마을 앞 초입에 교회가 없었다면 '이게 우리 마을이었나?' 싶을 정도였다. 동네 안으로 들어서니 마을 지킴이 멀구슬나무가 초라한 몰골로 서 있었다. 무성한 나무 그늘에서 담소를 즐기던 어르신들은 다 어딜 갔을까? 마을의 변천사를 훤히 꿰고 있는 나무는 나를 아는지 모르는지…. 그간 등 돌린 나의 무심함을 사죄하듯 여윈 멀구슬나무를 힘껏 끌어 안았다.

　사람을 찾아 마을회관으로 들어섰다. 노인들이 빼꼼히 문을 열고 낯선 침입자를 탐색하듯 눈을 두리번거렸다. 나를 소개하며 인사를 건넸다. 면면을 살펴보니 큰오빠 친구분들이었다. 내 지친인 듯 얼싸안고 가족들의 안부를 물었다.

　윗마을에 자리한 고향집을 찾아가는 길, 우리 집은 와가였는데 관에서 실시하는 지붕개량으로 동네 전체가 슬레이트 지붕으로 개조해 이 집이 저 집 같고, 저 집이 이 집 같았다. 집 안에 우물을 보고서야 알아보았다. 샘이 있는 집은 우리 집이 유일했으니까.

　가는 날이 장날이라고 당주인 당숙모가 집에 없었다. 집안에 들지도 못하고 감나무가 있는 뒤꼍으로 향했다. 늦가을 썰렁한 감나무밭, 그 많던 감나무는 잘리어 밑동만 남아 있거나 고목이 되어 앙상한 가지를 벌리고 있었다. 감나무에서 왜 어머니 얼굴이 떠올랐을까. 어머니가 독에서 꺼내 주셨던 홍시의 맛 때문일까. 감나무 덕에 내 유년의 뜰을 포실하게 가꿀 수 있었는데, 집안 이곳저곳에 아쉬움이 거미줄처럼 널려 있었다.

　뒷산으로 발길을 돌렸다. 조부모님 산소도 있지만, 내 어린 시절 봄이면 참꽃 따고 삘기 뽑으러 올랐고, 자라서는 땔감용 솔가리를 긁어모으기 위해 올랐었다. 한데 이곳도 우거진 숲이 발길을 막았다. 숲에 갇혀 능선만 둘러보았다. 밤이면 무서워 덜덜 떨던 꿀재도, 근동에서 가장 높아 가뭄이면 불을 피우던 봉화대도 가늠이 어려웠다.

숲에 갇혀 있자니 옛 시조 한 수가 떠올랐다. '산천은 의구하되 인걸은 간데없네.' 고향을 잃은 것 같은 헛헛함, 그분도 이런 마음을 노래한 걸까. 꿈속에서도 그리던 고향을 찾아왔지만 하룻밤 묵지도 못하고 애달픈 마음으로 돌아섰다.

거실 액자 사진 속에서는 여전히 갯벌 사이로 흐르는 물길이 꿈틀댄다. 세월은 나만 훑고 지나간 것이 아니었다. 고향도 옛 모습이 아니었다. 하지만 고향은 사라지는 게 아닌가 보다. 아픈 기억 하나하나도 소실되지 않고 생을 다할 때까지 내 마음에 살아있을 것 같다. 오늘따라 벽에 걸린 사진 속 하얀 물길에 눈맞춤이 길어지고 있다.

나에게 이름 찾아 주기

　이름을 잊고 산 지가 언제부터였던가. 아마도 결혼 이후부터인 것 같다.
　전라도 땅에서 나고 자라, 낯설고 물선 땅 울산에 신접살림을 차렸다. 남편이 출근하고 나면 두문불출 방구석에 틀어박혀 지내는 나에게 셋방 주인아줌마는 강한 경상도 사투리로 문을 두드리며 "뭐하능교 새대기? 얼굴 좀 보고 사입시더. 나와 보소!"하고 불렀다. 엉거주춤 쭈뼛거리고 나가면 놀란 표정으로 "아이고, 못 보던 새에 마이 애빗네. 방에만 있지 말고 쫌 나오소." 했었다.

아주머니는 토박이 울산 사람인데다 유독 사투리가 심했다. '새대기'라는 호칭도 그렇지만 '애빗네'라는 말에 나는 기겁해 손사래를 쳤다. 수척하다는 말이 이 지방 방언인 줄 모르는 내가 배태했다는 말로 알아들은 것이다. 그렇게 내 호칭은 혼인과 동시에 셋방 주인아줌마에 의해 '새대기'로 불렸다.

혼인하면 대다수 부부는 스스럼없이 이름을 부르거나 '여보'니 '자기'라고 부르는 게 예사다. 우리 부부는 장난삼아서라도 그런 호칭을 사용해 본 적이 없다. 피차 낯간지러워 입에 담지 못했다. 어느 날부터 남편이 나를 부를 때 '이녁'이라는 호칭을 사용했다. 무슨 뜻이냐고 물었더니, 부모님이 그리 불러 따라 하는 거라 했다. 편모슬하에서 자란 내가 '이녁'이라는 호칭의 의미를 알 리 없었다.

셋집 주인, 동네 이웃들, 시장 할머니들은 나를 새댁으로 불렀고, 시집에 가면 울산 아가, 형수, 새언니, 형님으로 불렸다. 아들이 생기면서 엄마, 누구 엄마, 몇 호 아줌마가 보태졌다. 엄연히 내 이름을 두고 상대의 편의에 따라 다양한 호칭으로 불렸다. 그게 싫지만은 않았다. 마음에 들지 않는 내 이름이 불리지 않아서였다.

어려서부터 내 이름에 불만이 있었다. 이름 끝 자에 주홍글씨처럼 '순' 자가 붙어서이다. 이름이 '순' 자로 끝나는 이름치고 세련된 이름은 드물다. 사람이 겉보기는 좀 그래도 이름이라도 고상하면 못난 사람도 있어 보이게 마련이다. 생김새는 신의 소관이니 어쩔 수 없다손 치더라도 작명에 조금만 마음을 썼더라면 딸이 이름으로 인해 기죽을 일은 없을 텐데. 어딜 가나 나를 따라다니는 이름은 나를 돋보이게 하기는커녕 본모습마저 깎아내리게 하는 것 같았다.

어머니가 원망스러웠다. 남들은 이름이 사람의 운명을 좌우한다며 돈을 들여서라도 골라 짓는데, 우리 어머니는 애초부터 나에겐 관심이 없었던 게다. 그렇지 않고서야 어찌…. 하긴 내가 유복자로 태어났으니 환영받을 출생은 아니었지 싶다. 어려서는 이름도 없이 서열이 막내여서 끝이라는 의미로 '끝지'라고 불렀다. 학령기가 되자 동네 이장 면사무소 가는 길에 부랴부랴 지어 호적에 올린 이름이 촌스럽기 짝이 없는 정순이다.

철이 들면서 어머니에게 이름을 바꿔 달라고 떼를 썼다. 보채는 게 귀찮았던지 어느 날 어머니가 '순' 자를 '선' 자로 바꿔 주셨다. 식구들의 의견이 '선' 자나 '순' 자나 매한가지인데 번거롭게 바꿀 게 뭐냐는 쪽으로 기울어졌다. 면사무소가 멀어 하루 품을 팔아야 하니 반대하기 위한 변명만은 아닌 것 같았다. 정선이라는 이름도 썩 마음에 드는 건 아니어서, 나의 개명 의지는 그렇게 잦아들었다.

살아오면서 이름을 바꿀 기회는 있었다. 서실에 다닐 때 단체 전시회를 열게 되어 낙관을 판다기에 나도 동참하였다. 목숨 '수壽' 자에 어질 '인仁', 지적이고 예뻤다. 기쁜 마음으로 이름을 돌에 새겼다. '순' 자가 없어 좋아했는데 시간이 갈수록 이건 아니지 싶었다. 수인이라는 느낌이 어감상 수인囚人 같다는 생각이 들었다. 거금을 들여 지은 이름은 서실 다닐 때뿐, 그곳에 발을 끊은 후 사용할 일이 없었다.

이순을 넘어선 어느 날, 소식을 끊고 살던 옛 친구가 전화로 나를 찾았다. 순자로 끝나는 내 이름을 들이대며 맞냐고 묻는데 생경했다. 나의 푸대접으로 그간 숨죽이고 있던 이름이 친구의 입을 통해 환생했다고나 할까. 그 친구와의 추억이 살아나서인지 전에 없이 이름에 정감이 갔다.

다시 이름을 재해석해 봤다. 곧을 정貞, 순할 순順, 올곧게 살되 순하게 살라는 어머니의 마음이 담겨있는 듯 싶었다. 사람이 곧기만 해도 살아가는 데는 무리수가 따르고, 순하기만 해도 세파에 휘둘리기 십상이다. 강함과 부드러움의 조화, 이게 세상 사는 이치가 아닐까. 내 이름이 내포하고 있는 원의가 이것이지 싶었다. 이름에 깃든 곧음과 순함의 어우러짐, 변변치 못한 내가 사람 꼴을 흉내내며 사는 것은 어머니가 지어주신 이름 덕인 것 같다.

이름은 그 사람을 담는 옷이라 해도 과언이 아니다. 이름을 보면 한 인간의 성향이 어림짐작 된다. 내 이름도 마찬가지다. 이름 첫 자에 곧을 정貞 자를 쓰고 있는 나는 사람 사귐에 서툴다. 그럼에도 내가 외톨이로 남지 않고 어우러져 살아가는 건 내가 푸대접했던 순할 순順의 역할이지 싶다. 사람 하나하나가 귀한 존재이듯 새삼스럽게 순자가 귀하게 여겨진다.

배정순, 이보다 나에게 잘 어울리는 이름이 있을까? 촌스러운 이 이름이야말로 나를 나답게 하는, 나에게 가장 잘 어울리는 이름이다.

선글라스와 색안경

선글라스에 얽힌 사연이 있다. 친구의 색안경을 낀 모습이 너무 멋졌다. 나도 친구처럼 선글라스 끼면 못난 모습이지만 멋있어 보이지 않을까 싶은 마음이 들었다. 넉넉지 않은 살림에 남편을 졸라 할부로 선글라스를 샀다.

오매불망 원하던 안경을 손에 넣었으면 자랑삼아라도 끼고 다녀야 하는데 그러질 못했다. 안방 경대 앞에서 혼자 수도 없이 끼고 무게만 잡았지 정작 밖에 나갈 때는 끼지 않았다. 남의 눈을 의식해서였다. 결국, 아끼던 선글라스는 껴 보지도 못한 채 장롱 속에서 퇴물이 되고 말았다.

선글라스와 색안경은 같은 용도인데도 사람에 따라서 이해가 엇갈린다. 선글라스는 햇빛 차단과 패션용으로, 색안경은 사물을 바로 보지 않고 보고 싶은 대로 보는 가면으로.

일례로 '색안경 끼고 보지 말라.'는 말이 있다. 실체를 보지 않고 자기 보고 싶은 대로 보는 것을 경계함이다. 지금은 보안 차원에서 계절 없이 선글라스 끼는 게 일반화되어 있다. 몇 년 전만 해도 소수의 멋 내는 이들의 전유물로 기호품에 속했다.

내가 선글라스가 멋있다고 생각하면서도 쓰지 않는 이유가 있다. 자라온 가정환경 때문이다. 홀어머니는 자식들 훈육에 엄격하셨다. 같은 행동을 해도 양친이 있는 아이들은 별것 아닌 거로 덮고 넘어가지만, 홀어미 자식은 색안경을 끼고 보는 게 세상 인심이라 여기셨다. 그러니 매사 남의 입살에 오르지 않도록 경계 수위를 늦추지 않으셨다.

밖에 나가지 않고 조롱에 갇힌 새처럼 우리 자매는 집 안에서만 놀았다. 남의 눈을 의식하는 버릇은 그때 생긴 것 같다. 초등학교 때 기억이 아직도 생생하다. 학예회에 출연할 합창단을 뽑는 날이었다. 테스트 곡명이 '새벽종'이라는 동요였다. '민들레 꽃씨가' 하는 부분에서 무리 없이 고음이 올라가면 합격이었다. 나는 고음을 낼 수 있었는데도 그 부분에서 내지르지 않아 탈락을 자초했다.

친구들은 학교에 남아 매일 즐겁게 학예회 연습을 하는데 혼자 터덜터덜 걸어 집에 돌아오곤 했다. 마음은 그들과 함께이고 싶은데 용기가 없었다. 그 후에도 나의 그런 마음은 남 앞에 서는데 걸림돌이 되었다.

결혼 후, 연말 부부 모임에 갔을 때였다. 노래 부르기를 강하게 거절하는 나에게 상사 부인으로부터 "이런 자리에서는 노래 한 곡쯤 준비했다가 부를 수 있어야 한다."라는 우정어린 조언을 들은 적도 있다. 심지어 비교적 노래 부르기가 쉬운 관광버스 안에서조차 노래 한 곡 하려면 오금이 저려 진땀을 뺐다.

문학 단체 행사에서 짧은 수필 낭독 요청을 받았다. 내가 잘해서 뽑힌 게 아니라 돌아가며 하는 자리였다. 내 순번이 돌아오자 단상에 나가기도 전에 가슴이 콩닥거렸다. 낭독하는 순간 온몸이 사시나무 떨듯 떨렸다. 입술이 떨리고 발음이 제대로 되지 않아 근근이 마쳤다. 진땀으로 온몸이 흥건히 젖었다.

문학 캠프 오락 시간, 지인들의 노는 모습을 보면서 의문이 생겼다. 그들의 춤, 노래 솜씨가 그리 잘하는 것 같진 않았다. 한데도 스스럼없이 노래 부르고 춤추는 모습이 당당하고 멋있었다. 성인이라면 저 정도의 여유는 있어야 하지 않을까 싶었다.

자존감이 바닥이라는 생각에 '자존감 수업' 이라는 책을 사

보았다. 그 책에는 자신의 결함을 바꾸려 노력하지 않는 한 그렇게 살 수밖에 없다고 했다. 열등감은 누구나 가지고 있고, 그게 발전의 동력이 된다고도 했다. 바꿔 말하면 성장의 동력은 열등감에서 비롯된다는 말이었다. 겉으로 보기엔 능력을 갖춘 사람도 열등감에 시달린다는 말이 큰 위안이 되었다.

남 앞에 나서기를 무엇보다도 싫어하던 나였다. 그 말에 힘입어 기회가 있을 때면 덜덜 떨더라도 피하지 않고 나섰다. 생각은 행동을 지배한다더니 정말 그랬다. 여전히 남 앞에 서면 말을 더듬고 행동이 서툴다. 하지만 이전 같진 않다, 오래된 나의 색안경은 차츰 선글라스라는 제 기능을 회복하고 있다. 누가 나를 봐 줄 거라고 그리 유난을 떨며 색안경을 끼고 살았을까.

장롱에 고이 모셔놓은 선글라스를 꺼내 든다. 구식이면 어떤가. 거리낌 없이 끼고 다니지만 아무도 선글라스 낀 나에게 관심이 없다. 내가 무슨 주목받는 인사라고 색안경 끼고 볼까.

나의 휴가

폭염이 절정에 이르니 여행 가는 사람들로 거리가 부산하다. 집 근처 마트에도 떠나는 사람들의 들뜬 열기로 술렁인다. 썰물처럼 떠나간 빈 자리에 모처럼 한가로운 여유가 감돈다. 비어가는 도시가 울체된 배설물을 토해낸 뱃속 같고, 아스팔트 위를 미끄러져 가는 차량마저 여유롭다.

나도 한때는 휴가를 떠나고 싶어 안달한 적이 있었다. 다들 삼삼오오 짝을 지어 휴가지로 떠나는데 번번이 함께 떠날 수 없었다. 휴가철에 부모님 생신이 끼어 있어서였다. 어느 해였던가. 요행히 지리산 피아골로 여름휴가를 간 적이 있다. 남편

회사 동료 아내인 세 여자와 더위 속에 휴가지에 가서 먹을 음식 준비하느라 시장바닥을 휩쓸고 다녔다. 준비를 끝낸 후 전야제라는 것도 했다. 비좁은 집에 모여 맥주잔을 들고 내일의 출발을 위해 건배를 들었다.

이튿날 아침, 어둠이 걷히기 무섭게 출발했다. 3박4일, 나로서는 처음 가져보는 꿈같은 휴가였기에 설렘이 컸다. 각자 배당받은 짐은 10kg이 넘었지만, 배낭이 등짝을 짓눌러도 힘든 줄 몰랐다. 자가용이 없던 시절이라 울산에서 지리산까지 대중교통을 이용하다 보니 버스를 두 번씩이나 갈아타야 하는 강행군이었다.

어렵사리 피아골에 도착해 옹기종기 텐트를 쳤다. 가져온 김치며 음식들을 냉장고 대용인 차가운 계곡물에 담갔다. 점심은 도중에 해결한 터라 우선 들고 간 수박을 갈라 목을 축이고, 간식거리로 입맛을 다신 후 본격적인 물놀이에 들어갔다. 깊은 계곡이라 한낮인데도 땡볕이 무색하리만치 시원했다. 명경지수 같은 물에 발을 담그는 것도 성에 차지 않아 아예 옷 입은 채 물에 뛰어들었다. 젖은 옷도 따로 말릴 필요 없었다. 햇볕 쬐는 바위에 널어놓으면 금방 말랐다.

평소에는 귀찮던 식사 준비도 세 여자가 함께 하니 놀이의 연장이었다. 반찬은 별것 없었다. 약간의 밑반찬과 삼겹살, 통조림에 부재료를 넣고, 된장 고추장 풀어 끓인 찌개 하나면 족했다. 보글보글 거품을 내며 벌겋게 끓을 때 시각과 후각을 자극하는 그 맛이야말로 휴가의 백미였다. 애 어른 할 것 없이 둘러앉아 어찌 그리도 잘 먹던지. 어른들은 물속에 담가 둔 소맥을 건져 올려 코펠 위에서 보글보글 끓고 있는 찌개를 안주로 휴가를 자축하는 건배를 들었다.

깊은 산일수록 어둠은 빨리 내렸다. 텐트에 불을 밝히고 모여 앉아 도란도란 이야기꽃을 피우는 것도 나름대로 운치가 있었지만, 금방이라도 쏟아져 내릴 것 같은 은하수며 북두칠성, 깜깜한 숲에 개똥벌레의 윤무가 흐르는 유성인 양 신비로웠다.

하늘에는 명멸하는 별, 땅에는 계곡의 청아한 물소리, 숲에선 이름 모를 풀벌레들 노래에 그간 쌓인 세속의 때가 말끔히 씻어내리는 기분이었다. 숲의 수런거림 속에 휴가지의 밤은 깊어만 갔다. 그때까지는 천국이었다.

뒷날 아침, 남편은 주섬주섬 짐을 챙겼다. 병환 중인 아버지가 계시는데 집 비운 사이 무슨 일이 일어날지 모른다는 것이다. 다들 무슨 소리냐고 말렸지만, 막무가내였다. 효자인 남편으로서는 당연한 일일지 모르지만, 모처럼 휴가 나온 나와 아들은 뭔가. 벼르고 왔던 휴가가 하룻밤 계곡에서 자는 거로 끝나자 너무 화가 나 남편과 말 섞기도 싫었다. 더위로 인한 열기는 계곡물에 식힐 수나 있지, 몸에 들끓는 열화는 어떤 방법으로도 잠재울 수가 없었다. 집에 돌아와서도 화를 삭이지 못해 몇 날 며칠을 냉전으로 보냈다. 그 후 내 사전에 동료들과 함께하는 휴가 여행은 없었다. 아버님이 돌아가시자 어머님마저 병약해지셨기 때문이다.

지금은 부모님이 돌아가시고 아무도 없다. 말리는 사람도 없다. 휴가철의 중심에 서 있지만, 떠나고 싶은 마음도 없다. 애석하게도 세월은 젊음뿐 아니라 의욕마저 거둬 갔다. 가슴이 뜨거울 때 여행을 떠나라는 말은 이런 것이었던가 싶다.

지금은 나에게 내 집보다 편안한 휴가 장소는 없다. 떠난다는 것 자체가 머리 무거운 일이다. 마음이 이런데 굳이 휴가 대열에 끼어 법석을 떨 일은 아니지 않은가. 아는 만큼 보인다고 하지만 그것도 힘이 있을 때 얘기다. 몸은 따라주지 않는데 의욕만 앞서는 것도 부조화다. 어쩌다 바닷가에라도 가보면 젊음 일색이다. 눈요기에 그칠 뿐 내가 휴가의 주체가 되지는 못한다. 들러리는 화려함 속에서도 외로운 법, 나에게 맞는 휴가지를 찾을 일이다.

생각을 달리하면 장소는 그리 중요하지 않다. 욕심 없는 편안한 마음에 동네 뒷산이면 어떻고, 텅 빈 도시면 어떤가. 편안하게 느껴진다면 집 안이 내 처지에 경제적인 조건까지 갖춘 최적의 휴가지다. 다 떠나간 텅 빈 도시에서 모처럼 빈 마음으로 살아온 날을 관조해 보는 것도 내 나이에 맞는 휴가이지 싶다.

오늘은 바람이 잘 드는 창가에 앉아 책을 벗 삼아 옥수수 하모니카라도 불어야겠다.

도둑 전화

진도에서 울산으로 시집을 왔다. 투박한 사투리만큼이나 생경한 환경, 남편이 출근하고 나면 말 한 마디 나눌 수 없는 고립무원이었다.

결혼에 눈이 멀어 병든 노모조차 훌훌 털고 떠나온 길인데 낯선 땅에 정붙여 살기가 만만찮았다. 남편이 출근하고 나면 고향 산천이 그립고, 홀로 계신 노모가 걸려 마음의 안정이 없었다. 약은, 끼니는 어찌 챙겨 들고 계시는지….

고향집에 통신 시설이 갖춰져 있다면 전화라도 해 보겠는데, 마을에 외부와의 연결고리는 이장 집에 설치된 다이얼식 전화기 한 대가 전부였다. 외지에서 전화가 들어오면 이장이 마이크를 후후 불어 가며 "누구누구네 어디에서 전화가 와 있으니 나와 받으십시오." 하면 숨 가쁘게 뛰어가 통화를 하곤 했다. 그도 어려운 것이 우리 집은 윗마을 꼭대기 집이고 이장 집은 아랫마을이었다. 몸도 부실한 노인이 전화 받으러 급하게 뛰어가다 넘어지시면 어쩌나. 편지도 어려운 게 어머니는 무학이었다.

다행히 도시에 사는 오빠 집에 전화기가 있어 그곳을 통해 집 소식을 가끔 들을 수 있었다. 하지만 통화하기 위해 버스를 타고 전화국까지 가야 하고, 대기자가 많으면 서너 시간은 좋이 기다려야 했다. 비싼 통화료도 신경이 쓰였다.

고향 소식에 목이 마르던 차에 유혹의 손길이 뻗쳤다. 같은 처지의 뒷집 새댁이 일반 전화기로 시외 통화하는 방법을 알려주었다. 어려운 것도 아니었다. 맨 처음 0을 돌리고 통화하고 싶은 번호를 돌리면 가능하다는 것이다. 당장 시험해 보고 싶었다.

그 시절 시내 통화는 대부분 가까운 단골 슈퍼에서 통화료 내고 사용하던 때였다. 슈퍼 이름을 지금도 잊지 않고 있다, '근대화 슈퍼'. 범인이 범행 장소를 탐색하듯, 현장 상황을 머릿속에 그려보았다. 주인이 서 있는 계산대를 등지고 통화하면

감쪽같이 싶었다. 남편에게 전화할 때 가끔 사용하던 곳이어서 의심받을 염려도 없을 터, 부식을 사는 척 슈퍼에 들어갔다. 전화 한 통화 하겠다고 하니 주인은 의심의 여지 없이 그러라고 했다. 자주 드나들던 터라 나를 믿었던것이다.

번호를 돌린 순간 오빠의 음성이 내 귀에 흘러들었다. 오금이 저렸다. 들키지 않고 성공했다는 짜릿함으로 온몸의 솜털이 오스스 일어섰다. 잠시의 눈속임으로 전화국에 가는 수고 없이 어머니 소식 들었지, 돈 굳었지, 시간 절약했지, 일거삼득이라는 생각에 입꼬리가 귀에 걸렸다. 마음만 먹으면 언제든 쉽게 서울 오빠 목소리를 들을 수 있다는 사실이 나를 달뜨게 했다. 그 후 꿀맛 본 고양이처럼 슈퍼에 가면 전화기에 손이 갔다.

도둑 전화도 분명 도둑질인데 그때 나에게는 도둑질이 아니었다. 시골에서 참외 서리할 때의 짜릿한 즐거움 이상 이하도 아니었다. 다행히 우리 집에 보급형 전화기가 들어왔기에 망정이지, 그러지 않았다면 아마 전화 도둑질은 더 오래갔으리라.

시나브로 그 일은 세월 속에 까맣게 묻혔다. 종교를 가지면서 살아온 날은 반추해 보는 시간이 잦았다. 그럴 때마다 선명하게 떠오르는 얼굴이 있었으니 내 어머니처럼 살빛이 까맣고 인정스러운 '근대화 슈퍼' 아주머니 얼굴이었다. 덮고 살자니 해마다 돌아오는 사순절이 고비였다. 나만 알고 있다면 괴롭더라도 덮을 수 있지만, 하늘이 알고 땅이 안다는 건 이 세상이 다 아는 것과 같았다. 덮고 또 덮으려 해도 그 사건은 내 영혼의 밑바닥에서 시시때때로 심기를 건드렸다. 그러면서도 마음 한쪽에선 '긁어 부스럼 만들 필요는 없어.' 하며 또 덮었다.

티브이에 등장하는 희대의 도둑들 모습을 보았다. 그들은 내막을 잘 아는 사람을 범죄의 대상으로 삼았다. 나도 유일하게 나에게 친절을 베풀던 슈퍼주인을 상대로 전화 도둑질을 했다. 그와 내가 뭐가 다른가. 죄인들을 볼 때마다 저런 인간은 죽어 마땅하다고 주먹을 불끈 쥐곤 했는데 그 손에서 힘이 빠져나갔다.

살아오는 동안 크고 작은 눈속임이 어찌 그것뿐일까. 더 큰 죄에 빠져 휘둘린 적이 여러 번이다. 유독 이 사건이 마음에 걸리는 건 치밀한 내 계획 하에 이루어진 일이고, 어머니 같은 아주머니의 마음을 배반했다는 자괴감 때문이었다.

찾아가 사죄하리라. 더는 머뭇거리지 않고 늘 내 마음을 옥죄던 사고 현장을 찾아 나섰다. 착잡한 마음으로 버스에서 내려 현장을 둘러보았다. 애석하게도 '근대화 슈퍼'는 시대의 물결 속에 사라지고 없었다. 그 자리에는 대형 전자상가가 위압적으로 초라한 나를 내려다보고 있었다.

때늦은 나의 사죄를 받아줄 만큼 세상은 너그럽지 않았다.

마음이 착잡했다. 방법을 고심하다가 성당 고해소에 들어갔다. 마음이 떨렸다. 신부님이 고해를 듣고 "도움이 필요한 이웃에게 자선하십시오." 하셨다. 마음에서 '쿵!' 소리가 났다. '그래도 될까?'

 지금은 양심을 저버리는 일에서 벗어났느냐? 아니다. 유혹은 늘 나를 시험대 올려놓고 흔들어 댄다. 나는 그 늪에 빠지지 않으려 안간힘을 쓰며 산다.

행복은 생각 나름

　고사성어 '새옹지마' 유래에서 본 노인의 마음 자세를 떠올린다. '복이 화가 될 수도 있고, 화가 복이 될 수 있다.' 이 말은 우리가 흔히 쓰는 어느 구름에 비 들어있을 줄 모른다는 속담과 같은 의미다.
　늦가을 산책길, 낙엽 밟는 소리가 더없이 상쾌해 행복하다고 느끼는 순간, 그 낙엽에 미끄러져 팔에 상처를 입었다. 순간 행복이 달아나고 그 자리에 비구름이 몰려왔다. 인생은 어느 구름에 비 들어있을 줄 모른다는 말이 이거였구나 싶었다.
　금방 산에 간다고 나간 사람이 팔을 붙들고 집으로 돌아오자, 컴퓨터에 눈을 둔 채 남편이 하는 말 "그러면 그렇지, 또 뭘 잊고 간 거구먼!" 했다. 산 오르다 미끄러졌다는 말에 고개를 잽싸게 돌리더니, "평지 걷기를 권해도 귓등으로 듣더니 그럴 줄 알았다."는 폭풍 잔소리다. 종로에서 뺨 맞고 한강에서 눈 흘기더라고 "사람이 다쳤다는데 지금 그걸 따질 때예요?"하고 냅다 쏘아붙였다. 애먼 남편에게 울화를 쏟고 나니 마음이 한결 풀렸다. 상처 부위를 살펴본 남편이 병원 길을 재촉했다. 어지간하면 오기로라도 버텨보겠는데 부상은 그리 간단치 않았다.

공휴일이라 병원에 전문의는 없고, 응급실에서 부러진 뼈에 깁스만 했는데 진료비가 15만 원이란다. 그게 끝이 아니었다. 입원해 상처 부위에 철심을 박아야 한다는 말에 기겁했다. 그깟 부상에 무슨 수술이고 입원이란 말인가.

다음날, 수술 받고 4인용 병상에 들었다. 방 식구들은 입원한 지 꽤 됐음인지, 스스럼없이 진료비 얘기를 나누는 중이었다. 한 여자는 진료비가 천만 원이고, 건너편 여자는 육백만 원이란다. 한데 실비보험을 들어 걱정 없다며 희희낙락이다. 그 말을 듣는 순간 다시 마음이 뒤틀렸다. 이미 적지 않은 진료비를 냈는데, 전신 마취해 수술까지 받았으니 얼마나 많은 진료비가 나올지…. 순간의 방심으로 쓰지 않아도 될 돈을 썼다는 생각에 기분이 바닥이었다.

보험에 들자는 내 말만 남편이 들었어도 이런 걱정은 없을 텐데. 마치 사고당한 게 융통성 없는 남편 탓이기라도 한 것처럼 비난의 촉이 남편에게 꽂혔다. 퇴직 후 세 받을 상가 하나라도 마련하자는 나의 제안도 일언지하에 무시한 채 퇴직금을 은행에 맡겨 쥐꼬리만 한 연금 받는 길을 택했다. 여태 살아오면서 복권 한 장, 은행 돈 빌려 재산 늘린 적 없는 답답한 인간이라는 원망이 다시 고개를 들었다.

같은 방 환우들은 보험을 들어 진료비가 공짜라고 하더라 했더니, 그 대신 당신은 가벼운 부상이니 공평하지 않느냐는 반론이다. 곤란할 때면 이리 말 같지 않은 말로 염장을 질러 입을 막는다. 하지만, 농 중에 진심이 있다고, 생각해 보면 아주 틀린 말은 아닌 것 같다. 남편의 욕심 없는 마음 덕에 우리 가정이 큰 풍랑 없이 순항할 수 있었는지도 모른다.

가진 것에 만족하는 삶, 믿는 구석이 없기에 우리는 내 몸에 투자하는 마음으로 운동, 먹을거리에 마음을 쓴다. 돈 씀씀이 헤프지 않고 내 경제생활에도 입 대지 않는 남편이다. 남과 비교하는 줏대 없는 나의 탐심이 늘 나를 괴롭혀왔을 뿐이다.

퇴원하는 날, 놀랍게도 3일 입원에 치료비가 이백만 원 가까이 나왔다. 놀라는 나와 달리 그는 담담했다. 더 놀라운 건 집에 돌아와서 그의 태도다. 부엌일이라곤 설거지 밖에 할 줄 모르던 위인이 아픈 팔 덧난다며 꼼짝 말라고 한다. 사실, 몸은 멀쩡하고 상처 부위는 왼손이어서 손 놓고 앉아 있을 정도는 아니었다. 엎어진 김에 쉬어가랬다고 엄살을 좀 부렸다.

장난기가 발동해 "배가 슬슬 고픈데 오늘 점심 메뉴가 뭔데요?" 하니 왜 이리 끼니때가 빨리 돌아와? 금방 치우고 돌아서면 점심때네." 했다. '메뉴가 뭔데?' 하는 말은 남편이 나에게 자주 쓰던 말로, 평소 내가 가장 싫어하는 말이다. 손 놓고 있는 처지에 무슨 군말일까 싶어서다. 지금은 상황이 바뀌어 내가 그 말을 되쏘고 있다. 어려움 속에서 농이 슬슬 나오는 삶, 이게 행복이 아닐까.

끼니때가 되면 "뭘 먹고 싶어?" 라고 남편이 묻는다. 남편이 차려낸 밥상이라야 뻔하다. 며느리가 보내온 곰국과 밑반찬, 배달 음식이 전부다. 하지만 기분은 그리 나쁘지 않다. 아쉬운 대로 노후에 누구 손 빌리지 않고 끼니를 해결할 수 있을 것 같다. 아파보니 알겠다. 남편은 나에게 돈으로 계산할 수 없는 억만금의 보험이라는 걸.

케렌시아

    성당의 25주기를 앞둔 어느 날이었다. 25년사 발간 편집 일을 보고 있는 지인이 책에 자신의 글을 올리고 싶은 사람은 한 편 써 보라고 권했다. 그 말을 듣는 순간 글을 써야겠다는 생각이 들었다. 성당 창립기념일과 내 세례일이 같은 날이었기 때문이다. 글이라곤 일기밖에 써 본 적이 없는 내가 무얼 믿고 그런 용기를 내었는지.

    결혼 생활의 달콤함은 잠깐이고 허허벌판 광야를 걷는 심정이었다. 기댈 곳 없는 광야, 불평불만이 이는 건 어쩌면 당연한 일인지도 모른다.

남편과 나는 중매로 만났다. 서로 알아볼 틈 없이 이루어진 만남이어서 사사건건 부딪쳤다. 시나브로 가슴에는 크고 작은 옹이들이 돋아 잔바람만 스쳐도 돌기를 부풀렸다. 돌아설까 말까 참을 인忍 자를 곱씹으며 살다가 지푸라기라도 잡는 심정으로 아파트 같은 통로에 사는 친구를 꼬드겨 성당을 찾았다. 어릴 적 교회에서 들은 "고생하며 무거운 짐 진 너희는 다 나에게 오너라. 내가 안식을 주겠다.(마태오 11장 28절)" 하신 성구가 나를 이끌었다.

친구는 세례 받고 이내 발길을 끊었지만, 나는 그러지 않았다. 그 끈을 놓치면 안 될 것 같았다. 남편의 눈총을 감수하며 활동 범위를 성경 공부, 봉사활동으로 넓혔다. 그 시간이 길어지자 시나브로 삶에 대한 나름의 문리가 트이면서 우리 부부의 삶이 눈에 보였다. 한 지붕 아래 같은 홍역을 치르고 있으니, 남편도 나와 같은 종의 가슴앓이를 하고 있겠구나 하는. 한 수 접고 나니 어느 한쪽의 잘못이 아닌 피차 타고난 성향임을 알게 되었다. 태생적 다름은 내가 어찌할 수 없는 부분, 싸워서 해결될 일이 아니었다.

간혹 교우들로부터 하느님 체험으로 질병이 나았다는 말을 듣는다. 그럴 때면 하느님도 무심하시지, 나에겐 왜 그런 기적을 내리시지 않나 하다가도 나의 알맹이 없는 신심을 생각하면 저절로 고개가 수그러들었다. 그러다가 깨달았다. 남편과 나의 다름을 인정하고, 골 깊은 갈등을 잠재워 갈라서지 않고 사는 것, 이게 기적이 아니고 무엇인가. 남편 탓만 하며 살았다면 아마 지금도 삶의 광야인 사막을 헤매고 있을 것이다.

그 체험을 원고지에 차근차근 써내려갔다. 썼다 지우기를 반복하며 몇 날 며칠 끄적거려 정리해 보니 20매가 넘었다. 원고를 건넸더니 글을 본 편집위원이 감동이 있어 좋긴 한데 분량이 너무 많다며 줄여서 올리라고 했다. "알겠습니다." 하고 올리지 않았다. 단순히 책에 글 실리는 게 목적이 아니었기에 한 번 써 본 것으로 만족했다.

같은 해 가을, 주보에 가톨릭 문예공모 광고가 떴다. 분량도 써 놓은 글과 맞아떨어져 응모했다. 가작이라는 연락이 왔다. 입상 작품 중 가장 말석이었지만, 그때처럼 글쓰기로 받은 상이 기뻤던 적이 없다. 누구의 도움도 받지 않고 내 마음의 변화를 적은 글이 공모전에 뽑혔다는 게 신통했다. 아마도 문장력보다는 때 묻지 않은 진심이 통한 것 같았다. 그것으로 끝이었다. 언감생심 글 쓸 생각은 하지 않았다.

남편 퇴직으로 두 번째 광야를 만났다. 얼굴 맞댈 시간이 길어지자, 이전 구습이 살아나 집 안이 잡초 무성한 맹지가 되었다. 몇 년을 버티다 전업주부로 살던 내가 거리로 나섰다. 내가 할 수 있는 일은 식당 설거지와 청소, 요양보호사가 전부였다. 그중 요양보호사직을 선택했다. 일하다가도 쉬어야 할 때 그런 힘한 일을 할 게 뭐냐는 반응이었지만, 의지를 굽히지 않았다. 성당 봉사활동으로 노인 돌보미를 해 본 경험이 뒷배가 되었다.

요양보호사, 단순한 도피처로 여겼는데 아니었다. 여태 내가 살아보지 못한 체험 삶의 현장이었다. 그 일들이 나에게 시사하는 바가 컸다. 당연하게 받아썼던 남편 노동의 대가인 돈의 가치를 알게 되었고, 사람은 더불어 살아야 한다는 사회적 의무도 배웠다. 더 큰 것은 내 노력으로 처음 돈을 벌어 본 경험이다.

그 돈을 함부로 쓸 수 없었다. 몸을 치장하는 데는 아까워 한 푼도 쓰지 않았다. 시의적절하게 성당 주보에 글공부 교육생을 모집한다는 광고에 눈길이 갔다. 맞춤법 하나라도 바로 알고 싶어 망설이지 않고 수강 신청했다. 첫 수업에 참석해 보니 문법은 물론 시, 수필, 소설의 기초 공부였다. 내 취지와는 달랐지만, 호기심이 일어 접수했다.

낮에는 요양보호사로, 밤에는 공부방으로 달려갔다. 늦은 밤 시외버스가 끊길세라 저녁밥은 부산 터미널에서 어묵 떡볶이로 때웠다. 집에 돌아와 씻고 드러누우면 자정이 가까웠다. 꽉 찬 하루의 일정, 피로할 만도 한데 생애 처음 나를 위해 뭔가

하고 있다는 생각에 마음은 달떴다.

　그 해에도 가톨릭 문예 공모 광고가 떴다. 요양보호사 체험에 살을 붙여 변화된 현재의 삶과 어머니를 소재로 다룬 글을 급조, 출품했다. 결과는 기대 이상이었다. 소설이 대상을 차지하고 내 수필은 우수상을 받았다. 그때 조심스럽게 나에게도 글쓰기에 소질이 있지 않나 하는 생각이 들었다. 울산에 '문인협회'라는 단체가 있는 줄도 몰랐던 내가 스스로 길을 찾아 글방과 인연을 맺었다.

　생각해 보면 나에게 글쓰기는 고통에 맥이 닿아있다. 그런 나를 내 삶의 중심인 말씀이 이끌었다. 고통이 없었다면 성당을 찾지 않았을 것이고, 일자리를 찾아 길거리로 나서지도 않았을 것이다. 소질은 미천하나 글을 쓰다 보니 내 흠결만은 마음이 정돈되는 느낌이다. 이게 그분이 주시겠다고 하신 안식으로 가는 첫걸음이 아닐까.

　내가 가는 길이 꽃길만은 아닐 것이다. 하지만 어떠한 경우라도 긍정의 삶을 살고 싶다. 이런 세상이 그분이 약속하신 안식처가 아닐까.

다시 분을 바르다

　축하 모임장에서 돌아와 인터넷 단체방에 올려진 사진을 훑어보았다. 화사한 얼굴 속에 흰 쌀의 뉘처럼 우중충한 노인 한 사람, 누굴까 싶어 가까이 보니 그 얼굴의 주인공은 나였다.
　자신의 늙은 모습을 보고 기분 좋은 사람이 있을까. 그게 아니라도 초대받은 자리에는 하객으로서 얼굴에 분이라도 발라 예를 갖추어야 했다. 한데 나는 민낯으로 나가 자릿값도 못한 것 같아 뒤늦은 아쉬움이 일었다.
　코로나 이전에는 나도 화장 안 하면 밖에 못 나가는 줄 알던 사람이다. 긴 시간 동안 마스크가 생필품이 되고부터 어느결에

색조화장품이 화장대에서 사라졌다. 괴질이 물러가자 다들 마스크를 벗고 분을 발랐지만, 나는 그러지 않았다. 이 나이에 누가 봐줄 거라고 귀찮게 화장하나 하는 마음과 나이 들면 외모보다는 마음 다스림이 먼저라는 들은 풍월도 민낯으로 다니는 데 한몫했다. 그리고 보니 얼굴에 화장을 안 한 지 벌써 몇 년은 된 것 같다.

해묵은 기억 하나가 떠오른다. 유럽 여행 중 프랑스 갔을 때 일이다. 호기심 찬 눈으로 거리를 걷다가 젊은 두 여성의 모습에 눈이 꽂혔다. 서류 가방을 든 것으로 보아 사무원 같았다. 검은색 정장 차림에 주근깨 송송한 자연 그대로의 얼굴, 프랑스가 세계의 미를 이끄는 선두 주자라던데 이건 아니지 않은가. 고정관념을 깬 상황이지만, 그 모습이 의외로 자유롭고 신선해 보였다. 중학생만 되어도 얼굴에 분 바르는 우리와는 문화 차이가 있는 것 같았다.

숙소가 프랑스 남부 루르드 성모 성지 곁 호텔이었다. 들고 나면서 보니 근처 카페에 노인들의 모습이 인상적이었다. 머리부터 발끝까지 곱게 단장하고 나와 환담을 즐기는 모습이 노인이지만 기품이 있어 보였다. 젊은 여성들과는 상반된 상황이어서 가이드에게 물었다. 이 나라에서는 곱게 화장한 사람은 젊은이가 아닌 노인들이라고 했다.

할 일이 많은 젊을 때는 일에 열중하고, 정년이 되어 일에서 놓여난 노인들은 나라에서 지급하는 연금을 받아 그간 일하느라 돌보지 않은 자신을 곱게 가꾸며 노년의 여유를 즐긴다는 것이다. 선진국다운 합리적인 발상이라는 생각이 들었다.

노년에 들면 원치 않아도 삶이 헐거워지기 마련, 집안에 가만히 있으면 삶에 대한 허탈함에 노년 우울증을 겪을 수도 있다. 이 나라 노인들은 그때부터 돌보지 않은 외모를 가꾸며 인생을 즐긴다고 했다. 카페 노인들의 모습에서 그 여유를 읽을 수 있었다. 노인이지만, 노인 특유의 궁기는 찾아볼 수 없었다.

그때는 나도 늙으면 그 노인들처럼 멋진 삶을 살리라 다짐했었다. 그 다짐은 세월 속에 까무룩 묻혔다. 제 눈에 안경이라고 화장기 없는 모습이 이 나이에는 더 어울린다고 생각했다. 다짐이라는 것, 삶에 접목해 살아내지 않으면 현대인들이 영혼 없이 밥 먹자는 약속만큼 믿을 게 못 된다. 나도 당장 삶 속에서 부실함이 드러나고 있지 않은가.

때맞추어 요즘 유튜브 창에 나 같은 사람을 겨냥해 올린 메시지가 떠 있다. '나이 들수록 내면보다 외모가 우선인 이유'라는 제하의 글이다. "아무리 잘생긴 사람도 관리하지 않으면 관리받은 못생긴 얼굴보다 못하다. 만병의 근원인 스트레스, 자신감에도 외모 가꾸기가 영향을 끼친다. 링컨도 40세가 넘으면 자기 얼굴에 책임지라고 했다." 마음 다스림도 중요하지만, 외모도 가꿔야 한다는 말일까?

맞는 말이다. 삼겹살 삼합이 세 가지 식재료가 어우러져야 제맛을 내듯, 화장도 마음과 화장, 옷차림이 조화로울 때 완성되는 것 같다. "늙을수록 외모가 현재를 살아가는 경쟁력이다!" 이 말은 어른 멋내기 고수가 나 같은 게으른 사람들에게 하 답답해 던진 일갈로 들린다. 강한 설득력이 느껴진다.

게으른 마음을 추스른다. 화장은 만나는 사람에 대한 예의의 기본이기도 하지만, 노년을 활기차게 살기 위한 수단일 수도 있다. 누구라도 정성 들여 화장한 얼굴을 보면 마음이 밝아지지 않던가. 하물며 내 얼굴임에랴 말해 무엇할까. 늙어도 젊게 살기 위해서는 지금부터라도 화장하는 잠깐의 수고는 감수해야 할 것 같다.

그레질

　모처럼 불국사를 찾았다. 절집은 잘 가꾸어진 자연경관과 고건축물의 어우러짐으로 마음의 안식을 준다. 경내를 차분하게 걷다가 대웅전 전방에서 해설을 듣는 그룹을 만났다. 기단의 그레질로 쌓은 석축을 신명나게 설명하고 있었다.
　그레질은 석축 쌓을 때 돌끼리 이를 맞춰 쌓기 위해 어느 한 쪽 돌을 다른 돌의 모양대로 따내는 작업을 말한다. 해설사의 신명에 빠져 그들과 합류했다. 어디까지나 귀동냥 삼아 잠깐 들을 생각이었다. 한데 불국사 석조 기단은 석조 건축물의 조형미와 독창성이 외국에서는 볼 수 없는 우리나라만의 특유한

공법이란 말에 귀가 꽂혔다. 그러고 보니 기단의 석축이 예사로 보이지 않았다. 매끈한 인공석으로만 시공했다면 이같이 아름다운 조형미를 끌어낼 수 있을까. 사찰 기단이다 보니 어쭙잖게 중생들 마음 다스림의 표본일 수도 있다는 생각이 들었다.

세상사에서 가장 힘든 것이 서로 맞추어 사는 일이다. 삶에서 다툼이 끊이질 않는 것은 사람이 정형화되지 않은 자연물이기 때문이리라. 사람들은 그래서 가장 어려운 게 관계 맺기라고 하는지도 모른다. 우리 집안도 예외는 아니어서 더러 드러나지 않는 작은 부딪침이 있었다. 모난 돌들이 같은 배에 탔으니 조용하길 기대하는 것부터 무리였다.

동서와 달리 나는 전업주부였다. 시집에 무슨 일이라도 생기면 자자분한 뒤치다꺼리는 전업주부인 내가 맡아 했다. 기제사며 어머님 편찮으실 때면 내 사정과는 상관없이 내 차지였다. 같은 며느리인데 왜 나만 이래야 하는가 하는 마음이 없지 않았다.

명절은 공휴일이니 함께하지만, 기제사는 상황이 달랐다. 내가 미리 올라와 집 안 청소부터 뒷날 제사 준비까지 불 앞에 서 있어야 했다. 동서가 퇴근해 돌아올 시각이면 일은 거의 마무리 지은 다음이다. 동서는 다 해 놓은 음식에 제사 모시고 뒤처리한 다음 그 밤으로 자기 집에 돌아가면 그만이다. 나는 그 뒷날까지 묶여있어야 한다. 어머님 몸이 불편하시면 더 오래⋯. 나는 뭔가하는 생각이 들었지만, 그런대로 무심한 세월은 흘렀다.

 세월은 그냥 흐르는 게 아니었다. 바늘 하나 꽂을 자리 없던 마음에 틈이 생겼다. 나만 생각하던 마음에 다른 한쪽을 돌아볼 수 있는 늘품이 생겨 동서도 놀고 있던 게 아니었음을 깨닫게 했다. 자기 가족 챙기랴, 직장에 다니랴, 시집 가까이 사니 급할 때는 수시로 달려와 응급처치하랴. 때때로 목돈 들여 어머님 옷 사 드리는 사람도 동서였다. 한데 손위 동서라는 게 속 좁게 우물 안 개구리가 되어 있었다. 동서가 나에게 어머님 모시라 강요한 적이 없다. 누가 시키지 않아도 최소한 며느리 도리를 다하기 위해 선택한 일에 무슨 군말일까.

 싸우면서 정들더라고, 사람 관계도 건축물의 그레질처럼 정련 과정이 필요하다. 마음의 옹이를 파내고 불순물을 걸러내는 과정에 아픔이 없을 수 없다. 내가 억울해하는 마음은 그레질의 정련 과정이었다. 동서라고 다를까. 그 과정을 무사히 지났기에 우리는 어느 결에 수평을 이루고 있다. 그가 내 안에 들어오고, 내가 그에 들어가 마치 하나인 것처럼.

 그레질은 아무나 맡는 게 아니란다. 건축 현장 밑바닥에서 잔뼈가 굵은 노련한 석공이라야 가능하다고 한다. 그런 장인이라야 굴곡에 한 치의 오차 없이 숙련된 기술을 접목할 수 있기 때문이리라. 우리는 그 고비를 무난히 지나 노련한 석공으로 마주 보고 있다. 지금은 동서가 오든 안 오든 신경을 쓰지 않는다. 피차 인정하고 품어주다 보니 요란한 소리를 내며 흐르던 계류가 잔잔한 바다에 이른 느낌이다.

어머님이 저세상에 가셔서 감정의 소용돌이에 휘말릴 일도 없다. 이젠 나 챙기지 말고 편히 살라 하는데도 "형님이 저에게 어떤 분이신데요." 한다. 흐뭇하다. 그동안 작은 불평이라도 참지 못하고 감정을 터뜨렸다면 이런 날을 맞을 수 있을까. 긴긴 세월 가벼운 다툼 한번 없었던 건 피차 그레질에 게으르지 않은 덕이지 싶다.

절집을 나서는 발걸음이 무르익어가는 봄날 같다.

제2부

야자수 너울에 정박하다

홀로 모래밭을 걸으면서 든 생각이다.
푸른 바닷길 걷는 게 좋아 그곳에 머무는 내내 새벽 산책을 했다.

- 신 고부열전
- 견해 차이
- 휴양지에서 생일 케이크에 불 밝히다
- 며느리의 온기
- 경주, 가족 여행 소확행
- 14일간의 동거
- 며느리집 방문기
- 야자수 너울에 정박하다
- 늙으니 좋다

신 고부열전

　어느 며느리가 돌아가신 시모께 헌정하듯 쓴 글이 감동을 자아내게 한다. 가난한 신접 살림집에 찾아온 시모는 친정 어미가 시집간 딸 찾아오듯 양손에 뭔가 잔뜩 싸 들고 오셨다. 보자기에는 갓 시집온 며느리에게 당장 필요한 밑반찬이며 양념 그리고 당신도 풍풍치 않은 처지에 신혼살림에 보태라며 금일봉까지 내놓으셨다. 그것만으로도 감사한데 며느리의 손을 꼭 잡으며 "지금은 가진 것이 없어도 좋을 때다. 서로 의좋게 지내라. 너만 믿는다."라며 덕담까지 아끼지 않으셨다.
　낯설고 물선 땅, 다가서기엔 너무 먼 당신이라는 시모에게서

들은 "너만 믿는다."라는 말 한마디의 무게는 그냥 흘려들을 수 있는 말이 아니었다. 새 며느리를 당신 자식으로 받아들인다는 선언이자 가족으로서 힘을 실어주는 신뢰의 증표였다. 며느리에게 부담될까 식사도 마다한 채 종종걸음으로 돌아선 어머니, 그 뒷모습을 바라보며 배웅하는 며느리의 마음이 어떨까. 아마 그때부터 그 고부 사이에는 끈끈한 정의 연결고리가 자리 잡지 않았을까.

나도 가정 형편상 가진 것 없이 시집왔다. 시골 출신이라는 자격지심이었던지 시집인 서울에 가면 늘 주눅이 들었다. 그런 시부모님이 연례행사처럼 울산에 사는 우리 집에 내려오셨다. 시어른이 집에 오시겠다고 하면 국빈 맞이하듯 대청소는 물론 이부자리 빨래에 음식 마련까지 지극 정성을 쏟았다.

언제가 옥상에서 빨래를 널고 있는데 어머님이 올라오셨다. 칭찬을 기대하며 처음 담가본 고추장 단지를 보여드렸다. 대뜸 "그 나이에 고추장 하나도 담글 줄 모르니?"라고 하셨다. 아무렇지도 않은 듯 밝은 표정을 지었지만, 순간 싸한 냉기가 가슴을 훑고 지나갔다. 그 말 한마디는 내가 평생 시모 가까이 다가갈 수 없는 경계가 되었다. 마음에 안 차더라도 "첫 솜씨치곤 잘 담갔네." 라는 말 한마디만 건네주셨더라도….

그런 마음이어서일까. 친구들과 원거리 등산 다닐 때는 멀쩡한데, 시집에 갈 때면 두통에 심한 멀미가 났다. 어머님이 내가 못마땅해 타박하신 적도 없다. 한데도 친근감이 안 가는 건 고추장 사건의 트라우마 때문일까. 좀 가까워졌다 싶으면 쎄한 말 한 마디로 당신이 시모임을 드러내 제자리에 머물게 했다.

어머님은 세상에 당신 같은 시어미는 없다고 하실지도 모른다. 자식에게 손 벌린 적 없고 심지어 반백이 다 된 며느리들 설날 세뱃돈 챙기는 것도 잊지 않으셨다. 마음에 없는 자선이 공염불이듯 정 없는 물질은 고부간 정을 쌓는 데 아무런 역할도 못했다. 돌아가신 어머님을 생각하면 뭔가 채워지지 않은 미진함으로 마음이 헛헛했다.

어느덧 나도 시어머니 자리에 올랐다. 나에게는 내가 원하는 고부상이 있었다. 헌정사를 쓴 고부간처럼 정이 오가는 고부 사이였다. 시어미 용심을 죽이고 허허실실 살다 보니 며느리 본 지 7년째 접어들었지만 아직은 관계가 괜찮은 편이다.

고부 사이가 허물없이 편해지기란 쉬운 일이 아니라는 걸 내가 시어미가 되고서야 알았다. 어머님과 나 사이에 찬바람이 일었던 건 고추장 사건 때문이 아니었다. 원래 고부사이에서 생기는 필연적인 거리감이었다. 어머님은 냉정한 이성으로 시어머니와 며느리라는 선을 그으셨을 뿐이다. 어머님으로선 고부 관계를 원활히 가져가기 위한 자구책이었지만, 그게 나에겐

정 없게 느껴졌다.

　이성과 감성의 차이, 며느리와 딸이 같을 수 없다는 말은 이런 미묘한 감정의 차이에서 파생되는 것 같다. 내가 며느리를 보면서 그걸 깨달았다. 며느리는 우리가 간다고 하면 친정엄마 손을 빌려서라도 음식을 가지런히 마련해 놓는다. 나를 반기는 마음보다 시모에게 흠 잡히지 않으려는 마음이 더 큰 것이다. 친정엄마라면 그러겠는가. 평소대로 하라고 하는데도 그게 쉽지 않은 것 같다.

　'고부'라는 단어 뒤에는 늘 부정적인 말이 따라 나온다. 아마도 옛 어른들의 고된 시집살이에서 비롯한 것 같다. 당신이 호된 시집살이를 해서 당한 걸 되갚는 것, 그걸 당연하다고 여겼으리라. 한데 요즘 세대는 다르다. 시집살이 시키는 부모도 없지만, 당할 순진한 며느리도 없다. 한동안 시집에서 가져온 음식은 안 먹고 버린다는 말에 통분했는데 그 소문도 잦아들었다. 이전처럼 어쭙잖게 며느리에게 집안 가풍을 익히는 명분으로 시집에 잡아둔다거니 행동에 간섭하려는 시모도 없다. 피차 도움이 안 되는 소모적인 행위임을 알아챈 걸까.

　티브이에 나온 이혼 전문 변호사 말이 시대를 대변한다. 이 시대의 며느리, 시어머니에게 사랑하느냐고 물으면 그렇다고 할 사람이 없다고 한다. 뭔가를 원하는 마음을 줄이면 고부갈

등이 준다고 하니 다들 웃고 넘어갔지만, 기분이 씁쓸했다. 너는 너 나는 나 선을 그어 그 선을 넘지 말자는 얘기다.

명절 앞, 며느리가 온다고 한다. 맞을 준비 하려니 아무리 생각해도 전말이 전도된 상황이다. 꼬인 생각을 바로잡는다. 어차피 해야 할 청소고 음식이다. 며느리 때문에 하는 건 아니지 않은가. 이런 기회에 온 가족이 모여 대청소하고 맛난 음식 먹을 수 있으니, 도랑 치고 가재 잡는 격이다. 이왕이면 즐거운 마음으로 맞자. 귀한 손주들 보는 것은 수고에 대한 덤이다.

바람이 없어서인지 현관에 들어서는 며느리 손주들이 살갑다. 좋은 걸 보면 아들보다 며느리를 먼저 챙기게 되니 나도 예상 못한 현상이다. 이런 마음으로 가다 보면 누가 아는가. 우리 며느리도 내 사후 시어미를 그리는 헌정사를 쓰게 될지.

견해 차이

아이 갖기를 기피는 세상이다. 아들이 늦은 나이에 결혼했는데도 출산에 관한 얘기는 꺼내지도 못했다. 결혼하면 출산은 당연한 것으로 여겼던 우리와는 달리 요즘 세대들은 혼인도, 애 갖는 것도 선택사항이 된 지 오래다. 한데 며느리가 결혼하자마자 아이를 가졌다고 했다. 놀랍고도 고마웠다. 결혼한 것만도 과분한데 손주까지….

출산의 기쁨이 채 가시기도 전에 경사가 이어졌다. 출산 휴가에서 복직하자마자 아기를 또 가졌다는 것이다. 고희가 되도록 눈앞에 고물거리는 손자 하나 없는 게 못내 아쉬웠는데 혼인 3년 만에 손자가 둘이라. 이건 가문의 홍복이 아닐 수 없었다. 자다가도 손주 생각만 하면 입이 헤벌쭉 벌어졌다.

좋은 일에는 시샘이 낀다더니 우리에게도 그 불문율은 비껴가지 않았다. 둘째 소식이 있고 얼마 안 있어 며느리가 퇴직해야 할 것 같다고 했다. 요즘 직업 구하기가 하늘의 별 따기인데 무슨 가당찮은 소린가 싶었다. 맞벌이를 당연하게 여겼던 터라 충격이 컸다. 퇴직 이유가 아기를 가졌기 때문이란다.

매스컴에서 출산 절벽이니 인구 절벽이니 무시무시한 용어를 쏟아내며 그 문제 해소 차원에서 임산부에게 여러 혜택을 준다고 하지 않았던가. 둘째를 가졌다는 이유로 20여 년 가까이 다니던 회사에서 퇴출이라니. 이건 아니지 싶었다. 정부는 여태 실효성 없는 변죽만 울린 건가. 그렇지 않고서야 어찌 멀쩡하게 다니던 직장에서 손 털고 나와야 하는가.

배가 불러오도록 며느리는 차마 아기 가진 사실을 알리지 못하고 있었다. 입덧은 어찌어찌 넘겼지만, 날이 갈수록 불러오는 배는 숨길 수가 없어 상사에 이실직고한 모양이다. 임신 얘기를 듣자, 상사는 난색을 보였다. 하긴, 뒷배가 든든한 공기업이 아닌 사기업체에서 출산 휴가 끝나자마자 아이를 또 가졌다고 하면 나라도 달가워하지는 않을 것이다. 안면박대하고 버티면 그만이지만 지금까지 쌓아 온 인정상 그러기도 쉽지 않았을 터이다. 하지만 내 며느리가 당한 일이다 보니 관계자들에 대한 원망이 꿈틀댔다. 사측으로서야 세상에 구직자가 널려있는데 뭐가 답답해 고연봉자를 잡아둘까.

평생을 전업주부로 산 나다. 그래서인지 나는 번듯한 직업을 갖고 어느 한 분야에서 활발하게 활동하는 여성에 대한 로망이 있다. 늙어서도 사회의 일원으로서 바쁘게 활동하는 여성들을 보면 왠지 부럽고 멋져 보였다. 가정 경제도 그렇지만 소신껏 자기 능력을 펼치며 당당하게 사는 여성상은 내가 이루고 싶어도 못 이룬 꿈이었다. 은연중에 며느리에게서 대리만족을 꿈꾸었는지도 모른다.

아이들은 덤덤히 받아들였다. 아니, 아들의 태도로 보아 생각이 나와 같지 않았다. "엄마, 그들도 땅 파서 장사하는 것 아니고 불황에 인원 감축만 노리고 있는데 복귀하자마자 또 휴가를 내겠다고 하면 어느 사주가 달가워하겠어요. 그들은 자선사업가가 아닌, 이윤 창출을 업으로 하는 장사꾼이에요." 했다. 아들의 마음에 결연함이 보였다. 내가 간섭할 부분이 아니라는 생각에 널브러져 있던 마음을 얼른 수습했다.

아이들과 나 사이엔 넘을 수 없는 벽이 있었다. 구세대인 내가 물질, 명예, 보여주기식 삶에 초점이 맞춰져 있다면, 아이들은 있는 그대로의 삶을 받아들이는 현실주의자였다. 큰아이를 돌보던 장모도 몸이 아파 아이 둘은 봐줄 수 없다고 선언한 상태였다. 힘들어하시는 장모에게 아이를 맡길 수는 없는 일, 경제적 어려움을 겪더라도 유아기를 엄마 손으로 양육해 정서적 안정을 주겠다는 마음도 있을 것이다. 맞벌이로 부를 거머쥔들 가정의 안정이 깨진다면 그 또한 상책은 아니다.

우여곡절 끝에 손주들이 엄마 품에 안겼다. 먹고 싶은 것 먹고, 가고 싶은 곳 가는 여유도 생겼다. 식구가 불어나기 전에 유럽 여행을 계획했는데 둘째가 들어섰다고 너스레다. 오지도 않을 불투명한 미래를 위해 현재를 저당 잡혀 산 나와 현재를 즐기며 사는 아이들의 삶, 그게 나와 아이들 간의 견해차가 아닐까. 아이들 사는 모습이 편안해 보여 안심이 된다.

나는 내 세대에 맞게, 아이들은 아이들 시대에 맞게 삶을 꾸려가고 있다. 사실 나는 평생 전업주부로 살아 직업을 가진 여성이 부러운 것이지 직장생활을 오래 한 며느리는 나와 생각이 다를 수 있다. 이 시대에 맞게 살겠다는데 제삼자인 시어미가 무슨 자격으로 감 놔라 배 놔라 할까. 생각해 보면 우리 세대는 까마득히 먼 훗날 생각하느라 실속 없이 살았다. 훗날로 미루어 두었던 계획들은 그것으로 끝이지 실천한 게 별로 없다. 지금의 삶을 실하게 사는 게 중요하다. 노인이 된 지금에야 아이들에게서 실용적인 삶을 배운다.

휴양지에서 생일 케이크에 불 밝히다

  12월 초순, 며느리와 통화 중 여행 가시지 않겠느냐고 물었다. 이 추운 겨울에 무슨 여행 하면서도 좋다고 했다. 여름휴가를 함께 가자는 걸 멀다는 이유로 가지 않았었다. 이번에도 거절하면 다시는 함께 가자는 말이 나올 것 같지 않아 간다고 했다.
  여행지는 집에서 그리 멀지 않은 거제도였다. 아무것도 준비하지 말라고 했지만, 며느리가 좋아하는 떡과 과일을 준비해 차에 실었다. 오랜만의 여행인지라 귀여운 손주들을 안아 볼 생각을 하니 마음이 들떴다.

며느리가 기특하다. 저희끼리 가면 비용도 덜 들고 마음 쓸 일이 없어 편할 텐데 우리와 함께하려는 그 마음이. 아들이 함께 여행 가고 싶어도 며느리가 싫다고 하면 불가능한 일이다. 그게 걸려 아들에게 "괜찮겠니?" 했더니 무슨 말씀이냐고 되물었다. 시부모와 함께한 세월이 적지 않은 난데 그 마음을 모를까. 알지만, 이것저것 가리다 보면 자식들과는 아무 곳도 갈 수 없을 것 같아 모르는 척 따라나섰다.

겨울인데도 로비가 여행객들로 붐볐다. 젊은 사람들이 대부분이고 부모와 함께 온 가족은 우리가 유일했다. 주차장에서 우리 차를 발견한 손주들이 금방 알아보고 '하부지'를 외치며 쫓아 나왔다. 저 조그만 눈으로 어찌 할아버지 차를 알았을꼬. 별것 아닌 것도 내 손주는 신통하게 보이는 게 조부모 마음인 것 같다.

점심을 먹기 위해 리조트 주변 음식점에 가족들이 빙 둘러앉았다. 나이 든 사람이 좋아할 전복 해물찜 요리와 뭉근히 끓인 생선 미역국이 나왔다. 생선 미역국은 나에게는 특별한 음식이다. 어머니가 생일날이면 끓여주시던 국이 준치 미역국이었다. 썩어도 준치라 할 만큼 준치 넣고 끓인 미역국은 맛이 일품이었다. 며느리가 내 생일이 지났는데도 직접 차려주지 못한 아쉬움을 이렇게라도 대신하는 것 같았다. 싱싱한 해물로 끓여서

인지 내 입맛에 꼭 맞았다. 어린 손주들과 온 가족이 모여 맛나게 밥 먹는 모습을 바라보는 것만으로도 마음이 흡족했다.

입실 시간에 맞춰 객실에 들어서자 넓은 통유리로 섬과 어우러진 바다 풍경이 먼저 눈에 들어왔다. 한 폭의 수묵화가 따로 없었다. 실내장식도 은은한 베이지 톤이어서 편안한 분위기를 자아냈다.

짐 정리를 마치고 떡과 과일을 내놓았다. 아들이 떡을 보더니 껄껄 웃으며 여행지에 오면 현지 음식을 사 먹어야지 촌스럽게 무슨 떡이고 과일이냐고 핀잔하더니 먼저 손이 갔다. 금강산 구경도 식후경이라 하지 않았던가.

자리를 털고 일어나 관광에 나섰다. 숙소에서 그리 멀지 않은 곳에 매미성이 자리하고 있었다. 초겨울의 스산한 날씨임에도 의외로 관광객이 많았다. 매미성은 2003년 태풍 매미로 경작지를 잃은 농부가 자연재해로부터 작물을 보호하기 위해 오랜 세월 쌓은 벽이라고 한다. 설계도 한 장 없이 농부가 직접 쌓았다는 게 믿기지 않았다. 보통 솜씨가 아니었다. 매미성 쌓기는 지금도 진행 중이라고 한다. 둘러보니 관광객들이 매미성을 배경으로 사진 찍기에 분주했다. 우리도 뒤질세라 성 이곳저곳에서 가족사진 여러 컷을 남겼다.

저녁 식사는 아이들이 있어 숙소에서 해결하기로 했다. 아들 친구의 소개로 선장이 직접 잡아 와 운영하는 횟집에서 각종 회와 부대 음식을 주문해 숙소 탁자에 차렸다. 생선회야 바닷가에 오면 으레 먹는 음식이어서 이상할 게 없는데, 난데없는 생일 케이크와 와인이 등장했다. 내 생일을 염두에 두고 며느리가 아이디어를 낸 것 같았다. 낮에 먹은 미역국, 저녁상에 케이크와 와인을 준비해 차려낸 상차림이 그럴 듯 했다. 난생 처음 손주들의 박수와 축하 노래를 들으며 때 아닌 생일 케이크에 불을 밝혔다. 며느리가 고마웠다. 그 밤 잠자리가 너무 훈훈했다.

다음 날, 아이들이 좋아할 파노라마 케이블카를 타 보기로 했다. 시야가 사통팔달 트인 크리스털 케이블카는 바다 여행의 백미였다. 손주들이 처음엔 무서워 안 타겠다고 징징대더니 조금 올라가자, 눈 앞에 펼쳐진 바다 전경에 환호성을 질렀다. 짙푸른 바다와 섬이 어우러져 빚어낸 자연의 조화! 선경이 따로 없었다. 수리 중인 외도에 들어갈 수 없어 아쉬움이 남지만, 지세포에서 외도 가는 유람선 타는 걸로 아쉬움을 달랬다.

이번 여행은 가족이 다 모인 가운데 생일 축하를 받아서인지 더 흐뭇했다. 가족이란 삶 속에서 나의 존재를 인정받고 인정해 주는 정의 연결고리가 아닐까. 일인 가족이 늘어나는 추세다. 또 자식들과 여행 가면 애 보고 뒤치다꺼리하기 바빠 가지 않는다는 친구도 있다. 우리가 이런저런 이유로 마음을 사릴 때 가족 간의 정은 더 멀어지는 것 아닐지. 함께 하려는 노력이 필요하다는 생각이 든다.

며느리의 온기

"딩동댕 열렸습니다."

가스레인지 밸브에 부착된 개폐 버튼에서 나는 신호음이다. 며느리가 명절 때 내려와 달아놓았다. 외출할 때마다 혹여 가스레인지 불을 끄지 않고 나온 것 아닐까 불안했다. 그러던 가스레인지 사용이 여간 편한 게 아니다. 상쾌한 신호음이 울릴 때마다 며느리의 따뜻한 온기가 전해져 온다.

나이 들면서 건망증이 위험 수위를 넘어서고 있다. 외출할 때 잊고 나온 게 있어 되돌아오는 게 일상사다. 그중에 집 밖에 나와 마음이 졸아붙게 하는 건 가스 밸브 개폐가 불분명할 때다. 닫고 나온 것 같기도 하고, 열어 놓고 나온 것 같기도 하고. 그럴 때면 조바심이 극에 달한다.

친구들 모임에 자주 등장하는 화제가 건망증에 관한 얘기다. 나도 같은 처지여서 가스레인지 사용으로 불거지는 고충을 열거해 보였다. 한 친구가 이 편한 세상에 왜 그러고 사느냐, 자동 개폐기를 달아놓으면 그리 편할 수가 없는데 했다.

집에 돌아와 남편에게 낮에 있었던 얘기를 말하고 가스 밸브에 개폐기를 달아 달라고 부탁했지만 무반응이었다. 밸브에 제어장치가 있는데 구태여 개폐기까지 달 게 뭐냐는 입장이다. 외려 자기 말은 듣지 않고 친구 말에 팔랑귀가 되는 나의 가벼움을 탓했다. 가스레인지 사용에 쌓이는 불안만큼 남편에 대한 원망 지수도 올라갔다.

하긴 살림 이력 40년 넘은 주부가 이 정도의 가정사면 남편에게 갈 것 없이 내 선에서 해결할 일이다. 아직도 남편 손 아니면 아무것도 할 수 없으니 한 소리 들어 싸다. 여전히 음식을 태우고, 가스 밸브 잠그는 걸 잊어버린다. 그 원인이 개폐기를 달아 주지 않는 남편 탓이기라도 한 듯 불만을 키웠다.

그즈음, 아들 가족들이 명절을 쇠러 내려왔다. 아들은 설 연휴가 끝나는 대로 올라가고 며느리와 아이들은 2주 동안 더 머물겠다고 했다. 당장 같이 올라가라는데도 아이들과 조부모와 가까워질 시간을 갖겠다는 며느리의 갸륵한 마음을 더는 밀어 낼 수 없었다.

부엌에 들어간 며느리가 레인지를 사용해 보더니 가스 냄새가 심하다며 미간을 찡그렸다. 이대로 사용하다 큰일나겠다며 개폐기를 달아야 한다고 했다. 기회는 이때다 싶어 "내가 청해도 네 시아버지가 도통 내 말을 듣지 않는구나." 했더니 며느리는 바로 가스취급소에 주문 전화를 넣었다. 며느리 사랑은 시아버지라고, 나에게는 개폐기 무용론을 열 가지도 더 끌어대더니 며느리가 나서자 군말이 없다. 달라진 건 그뿐만이 아니었다. 다용도실 분리수거 용기도 며느리의 미다스 손이 닿았다.

남편이 유일하게 전담하고 있는 일이 분리수거다. 규격화되지 않은 큼지막한 봉지에 수거물을 쑤셔 넣으니, 다용도실은 늘 어수선해 보였다. 며느리가 그 모습을 간과하지 않았다. 마트에서 셋으로 구분된 분리수거용 자루를 사 와 나란히 줄을 세워놓았다. 공간이 넓어진 건 물론 색깔별로 명패까지 붙어 있어 보기에도 여간 산뜻한 게 아니었다.

말 사면 경마 잡히고 싶다더니 이참에 정수기 건을 해결하고 싶었다. 몇 번 얘기 했지만, 역시 남편은 생수 사다먹는 걸 고집하며 내 말을 듣지 않았다. 다시 며느리 효과를 써보았다. 며느리가 그러더라. 생수를 먹으면 미세플라스틱을 흡입하게 되어 몸에 해가 된다고. 또 쓸데없는 소리 한다며 부당한 표정을 지었지만, 며느리가 가세해 결국 산뜻한 정수기가 싱크대 위에 한자리를 차지하고 있다.

그날이 그날 같던 밥상에도 변화가 일었다. 며느리가 맛있는 걸 대접하고 싶은데 상황이 상황인 만큼 외식은 어렵고 맛집을 골라 배달시켰다. 배달 음식을 싫어하는 남편이지만 며느리의 말에는 군말이 없었다. 음식점이 집에서 제법 거리가 있는 백화점 옆인데도 배달 된 음식은 금방 한 것처럼 뜨근뜨근 맛있었다. 맛있게 먹는 우리의 모습을 보더니 내 휴대전화에 음식점 배달 앱을 깔아주며 밥하기 귀찮을 때 활용하시란다.

2주가 어떻게 지나갔는지도 모르게 지나갔다. 기차역에 배웅 나간 우리에게 며느리가 웃으며 "어머님, 우리가 떠나니 시원하시지요?" 하며 웃었다. "그래, 시원섭섭하다!" 했더니 웃으면서 그래도 "섭섭시원하다고 말씀해 주세요." 하며 끝까지 온기의 끈을 놓지 않았다. '시원섭섭'과 '섭섭시원'이 다른 게 뭐라고. 따뜻한 마음이길 원하는 며느리의 세심한 마음씀이 느껴져 선심 쓰듯 그래 "섭섭시원이다." 하며 같이 웃었다.

든 자리는 표가 안 나도 난 자리는 표가 난다더니 아이들 없는 집안이 휑했다. 손주들이 소파에 붙여 놓은 스티커며 뛰놀던 뜀틀, 며느리가 다음에 와서 입겠다며 챙겨놓고 간 옷, 하나

하나에 그리움이 묻어났다.

    며칠 후 택배 하나가 배달되었다. 포장을 뜯어보니 전복죽 팩이 수북이 들어있다. 맛이 괜찮은 것 같으니 어머님 밥하기 싫으실 때 식사 대용으로 드시라는 깨알 같은 며느리의 당부 전화가 들어왔다. 둘이 살아도 삼시 세끼 챙기기가 보통 힘든 게 아니라는 내 푸념을 며느리는 놓치지 않은 것이다. 며느리의 따뜻한 온기가 마음을 달군다.

경주, 가족여행 소확행

경주 보문호 주변 콘도에 가족여행 짐을 풀었다. 여행 장소를 경주로 낙점한 건 우리집과 가까워서였다. 숙소에서 짐 정리를 마친 후 점심을 들면서 아들에게 여행 일정을 들었다. 불국사, 박물관, 첨성대와 안압지, 황리단길, 포항 죽도시장까지. 여행할 장소의 사전 설명을 들어보니 제법 일정이 알찼다.

첫 관광지 불국사에 들어섰다. 서울에서 내려 오느라 차 안에서 갑갑했던 손주 녀석들이 넓은 사찰 마당에 풀어놓자, 고삐 풀린 망아지가 따로 없다. 때맞춰 마당 가장자리에서 아동들의 부처 그리기 전시회가 열리고 있었다. 그림을 보며 녀석들의 여물지 않은 말로 옹알대는 것도 귀엽지만, 부처 앞에 동그랗게 몸을 접어 절하는 모습은 더 귀여웠다. 오늘만큼은 경주 관광의 꽃이라 할 수 있는 불국사 사찰보다 손주들 노는 모습에 더 관심이 쏠렸다.

저녁 때 불국사에 이어 첨성대로 발길을 옮겼다. 첨성대의 밤 경치를 보기 위함이다. 낮엔 잿빛 돌탑 같던 첨성대가 어스름 초저녁이 되자 조명을 받아 시시각각 변하는 모습이 레이저 쇼를 방불케 했다. 손자들의 환호성을 내지르며 뛰는 모습이라니! 누군가 자식은 기를 때의 기쁨이 효孝의 끝이라던 말에 입맛이 씁쓸했는데, 손주들이 좋아 날뛰는 모습을 보며 그 말을 인정했다. 여기서 뭘 더 바랄까.

근거리에 있는 안압지에 들어섰다. 경주가 관광도시임을 입증하듯 밤인데도 수학여행 온 학생들과 국내외 관광객들로 인산인해였다. 안압지가 야경의 끝판왕이라 하더니 어두운 밤, 조명발을 받은 신라시대 궁전과 호수, 수목의 어우러진 밤, 경치가 능개비 효과인지 사뭇 몽환적이었다. 안압지의 정식 명칭은 '동궁과 월지'였는데 조선시대에 '안압지'로 부르다가 지금은 다시 동궁과 월지로 불린다고 한다. 더 머물고 싶지만, 잠 잘 시간이 된 손주들의 보챔으로 발길을 돌렸다. 숙소에 돌아와 아이들을 재운 다음 밤이 이슥하도록 이야기꽃을 피우다 잠자리에 들었다.

다음날, 새벽잠이 없는 나는 자리를 털고 일어나 밖으로 나왔다. 발길이 뜸한 새벽 호수 산책로가 색다른 감흥을 불러일으켰다. 야트막한 야산과 맞닿은 호수면에 물안개가 그림처럼 널려 있고, 신새벽 산책 나온 투숙객이 한두 사람 거닐 뿐 조용했다. 호수의 정적을 만끽하며 천천히 발걸음을 옮겼다. 늘 이런 날만 이어진다면 아마 좋은 것도 좋은 줄을 모르고 살 것이다.

조식 후 인접 도시 포항 죽도시장으로 향했다. 아이들에게 다양한 바다 생물을 보여주기 위함이었다. 죽도시장은 기대만큼 아이들에게 많은 구경거리를 제공했다. 처음 접하는 환경인데도 손자들은 두려움 없이 꿈틀대는 대형 문어며 소라, 각종 해산물 구경하기에 바빴다. 점심때가 되어서야 예약해 놓은 포항의 명물 물횟집으로 향했다.

식당은 바다를 배경으로 시야가 확 트인 전망 좋은 곳에 자리하고 있었다. 물회 맛도 맛이려니와, 출출하던 터라 다들 밥 한 그릇을 게 눈 감추듯 비웠다. 식후 커피 타임은 며느리의 제안으로 실내를 벗어나 바닷가 정자에서 가졌다. 아직 개장 전인 해수욕장은 우리 가족 차지였다. 다과와 커피로 입가심한 후 아들 가족은 모래사장에서 놀고, 우리들은 정자에서 아들 가족 노는 모습을 바라보며 담소를 즐겼다. 내 생에 이보다 더 여유로운 때가 몇 번이나 있었을까.

여행 끝날, 숙소 지척에 있는 황리단길에 들어섰다. 도로에 차량이 없어서인지 도시가 아닌 시골처럼 조용한 게 마음이 널널한 기분이다. 크게 볼거리는 없지만, 다른 곳에서 볼 수 없는 거대한 왕릉과 가옥의 어우러짐이 마치 생과 사가 한데 어우러져 정을 나누며 사는 듯 푸근해 보였다.

고향 마을 고샅을 연상케 하는 조붓한 골목길을 어슬렁거리다 보니 도심의 마트에서나 볼 수 있는 줄서기 행렬이 눈길을 끌었다. 가까이 가보니 십 원짜리 빵가게 앞이다. 며느리가 십 원짜리 유혹에 넘어가 줄서기해서 사온 빵은, 실은 개당 3천5백 원짜리 고가의 빵이다. 관광지 상술에 우롱당한 것 같아 잠시 현실을 개탄했는데 맛을 보고 다들 평가가 달라졌다. 맛나다. 이열치열 뜨근뜨근한 게 그럴만한 가치가 있다고.

별것 아닌 소소한 일상이 순간 순간 행복으로 다가왔다. 빵을 나눠 먹으며 걷다가 며느리는 아이들에게 왕릉 얘기를 들려주는가 하면 능을 배경으로 간간이 카메라 셔터를 누르기도 했다. 조용한 문화에 젖어 드는 것만으로도 힐링이 된다.

장자 말이 아니더라도 일본 소설가 무라카미 하루키가 말한 소확행小確幸이 이런 느낌을 이름인가. 가족과 함께한 여유로운 마음에 욕심이 없으니, 마음이 자유롭고 마음이 자유로우니 걸리는 게 없다.

황리단길에서 너무 많은 시간을 썼나? 주전부리하며 천천히 구경하다 보니 배고픔도 잊어 점심시간이 지났다. 시간 안배에 실패, 아이들 데리고 서울까지 가야 할 일정이 빡빡하다. 서둘러 약식으로 요기하고 짐 정리를 마친다.

헤어져야 할 시간, 유난히 할아버지를 따르던 둘째 손주가 "하부지"를 외치며 울음보를 터뜨린다. 그러면서도 할아버지가 "울산에 가자." 하니 그건 싫단다. 아무리 좋아도 "하부지"는 거기까지인가 보다. 손주 덕에 웃음을 한 보따리 안고 돌아선다.

14일간의 동거

 경주로 가족 여행 다녀온 지 7일쯤 되었을까. 반가운 손님이 올 거라며 남편 얼굴이 희색만면이었다. 잔뜩 긴장되어 "누가 와요?" 했더니 경주에서 여름휴가를 함께 보낸 아들 가족이 내려온다는 것이다. 손주 볼 생각을 하면 백번 반가운 일이지만, 복더위에 손님 접대를 위해 몸으로 치러야 할 일을 생각하니 반길 일만은 아니었다. 아들에게 득달같이 전화를 넣었다.
 "무슨 소리냐? 금방 봤으니 안 와도 괜찮다!"
 말이 채 끝나기도 전에, 내 속내를 제대로 알아듣지 못한 아들이 동문서답이다.

"엄마, 며느리가 가겠다고 하면 그냥 오라고 하세요." 그런 며느리는 없다는 말이 감춰진 실체다. 아들이 그리 나오니 더는 할 말이 없었다.

며느리 마음을 알다가도 모를 일이다. 나 같으면 아이들이 제아무리 '하부지' 집에 가자고 졸라도 매사 신경 쓰이는 시집보다는 다른 장소를 물색했을 것이다. 시어미가 살가워 등 다독이는 것도 아니고, 잘해 줘도 시집은 시집인데 뭐 좋다고 이 더위에 그 먼 길을 오겠다는 걸까.

나도 어머님 생전에 시집을 자주 오르내렸다. 아들은 그런 나를 보고 요즘 세상에 엄마 같은 며느리는 없다고 했었다. 그 말을 들을 때면 왠지 마음 한구석이 켕겼다. 아들에게 칭찬 들을 만큼 나는 효심 깊은 며느리는 아니었다. 연만하신 어머님이 혼자 계셔서 며느리의 도리상 병 간호차 갔었지, 효가 바탕은 아니었다. 며느리는 강요하는 이 없고, 피할 수 있는데 굳이 시집에 오겠다는 것이다. 고마웠다.

행동은 마음먹기에 따라 달라지는 법, 나른하던 몸에 활기가 살아나 손님맞을 준비로 집 치우기부터 들어갔다. 마음이 급해졌다. 그 어느 때보다도 두 늙은이의 합이 잘 맞았다. 한데, 집안 청소가 끝이 아니었다. 색다른 먹을거리를 마련해야 하고, 집안에서만 복닥거릴 수 없으니, 손주들이 놀 장소도 탐색해야 했다. 두 늙은이가 이마를 맞대고 컴퓨터에 엎드려. 울산을 대표할 만한 여름 휴양지 대왕암 공원으로 들어갔다.

공원 경계 안에 있는 일산 해수욕장과 울기등대, 솔밭공원은 아들 어릴 때 여름이면 거르지 않고 찾던 피서지였다. 아들에 이어 아들의 아들을 데려가는 것이니 의미가 있다는 생각이었다. 컴퓨터를 열고 들어가 보니 일산 해수욕장 근처가 대왕암 공원으로 조성되면서 훌륭한 휴양지로 변해 있었다. 야외에서 아이들이 놀 수 있는 물놀이장과 실내에서 즐길 수 있는 키즈 카페까지. 컴퓨터를 덮고 직접 두 늙은이가 현장을 찾아 나섰다.

이전과 달리 교통이 좋아져 울산 대교를 이용하니 대왕암 공원이 코앞이었다. 도심보다 훨씬 규모가 큰 실내 키즈카페와 야외에 물놀이장이 마련되어 있었다. 이만하면 손주들의 놀이터로 손색이 없을 것 같았다.

근거리에 자리한 소나무 숲을 찾았다. 솔밭 밑에 심은 맥문동이 개화기를 맞아 솔밭 전체를 보랏빛으로 물들이고 있었다. 간만에 소나무 그늘 벤치에 앉아 휴식을 취하기도 하고, 맥문동꽃 어우러진 솔밭을 배경으로 사진도 찍었다. 놀다보니 시간 가는 줄 몰랐다.

근처 맛집을 찾아 늦은 점심상을 받았다. 공원 탐방에 맛난 음식, 아이들이 아니면 어림없는 일이다. 내 돈 내고 먹는 밥인데도 며느리 덕인 것 같아서 밥맛이 꿀맛이었다.

약속한 날, 아이들이 내려왔다. 차질 없이 준비한다고는 했지만 짓궂은 아이가 둘이다 보니 움직이는 게 쉬운 일은 아니었다. 나는 잠깐이지만 매일 아이 둘과 이런 전쟁을 치르면서도 힘들단 말을 입에 담지 않는 며느리가 대견했다.

집에 머무는 동안 아이들의 발이 되어준 건 차 운전을 싫어하는 남편이었다. 정작 아내인 내가 모처럼 가고 싶은 곳이 있어서 가자고 하면 버스로 가자며 발뺌하던 사람이 손주들 나르는 일에는 발 벗고 나섰다. 고래 박물관, 과학관, 자연 생태 학습관, 아이들은 물론 우리도 처음 와보는 곳이어서 즐거웠다.

14일간의 동거, 며느리나 우리나 힘은 들었지만, 알찬 날들이었다. 내 몸 귀찮은 마음에 방문을 막았다면 이런 추억을 쌓을 수 있을까. 며느리 덕에 손주들과 즐거운 한때를 즐길 수 있었다.

TV에 출연한 웃음 치료사 말이 떠오른다. 메마른 삶 속에서 억지웃음이라도 웃으면 몸과 마음이 밝아져 건강하게 살 수 있다고. 며느리와 내가 하는 일이 아마 그런 노력의 일환이지 싶다. 이대로만 간다면 우리 고부 사이는 허물없는 고부 사이가 될 것도 같다.

며느리집 방문기

　오빠 문병차 서울에 올라왔다. 올라오기 전부터 망설였다. 아들 집에 들를까 말까. 이웃들 말을 들어보면 아들 집 가까이 가도 안 들르고 그냥 돌아온다는 이들이 대부분이었다. 어머님 혼자 계실 때는 마음 편히 드나들던 집인데 아들 집이 되고부터 망설이게 된다. 이게 고부 사이에서 오는 거리감일까.
　예능프로 패널로 나온 어느 시부는 아들 결혼 후 7년 동안 며느리와 전화 통화한 것은 딱 2번이라고, 했다. 혼전에는 흉허물없이 지냈는데 결혼식 후 그리 되더라고. 어찌 그럴 수가 있을까. 그런 사이면 남보다 나은 게 뭔가. 좀 불편하더라도 자주 만나야 미운 정이라도 생기는 것 아닐까.

　주위에서 결혼한 자식들과는 거리를 두고 살아야 한다는 말을 자주 듣는다. 일견 맞는 말이다. 나도 그 말이 옳다고 생각해서 볼일이 있지 않으면 발걸음하지 않는다. 한데 우리 며느리는 아이들이 보고 싶으면 언제든 올라오시라고 한다. 며느리 마음이 진심일까. 우리 며느리도 같은 마음일 텐데 순진하게 언제든 올라오라는 며느리 말을 곧이곧대로 믿은 것 아닐까. 이번에는 들르지 않고 내려가리라 작심했다.

　오빠 집에서 잠자리에 들었다. 마음과는 달리 지하철 몇 정거장 타면 볼 수 있는 손주들이 자꾸 눈에 밟혔다. 하필이면 아들도 출장 가고 없는 상황이니 마음 내기가 더 어려웠다. 통화나 하고 내려갈 요량으로 며느리에게 전화를 넣었다. 어머님 혼자 오셨느냐고 물었다. 그렇다고 하자 "올라오시는 김에 아버님도 같이 오시지 그러셨어요? 이 기회에 손주들 재롱 보시면 좋잖아요." 했다. 며느리의 그 말 한 마디에 복닥거리던 생각들이 한순간에 사라졌다. 그냥 내려가도 되는데 전화한 건 며느리의 이 반응을 기대했는지도 모른다.

　뒷날, 짐을 꾸려 아들 집으로 향했다. 손주들 보고 싶은 마음에 한달음에 달려갔다. 집안에 들어서자마자 낯가릴 줄 알았던 손자들이 느닷없이 나타난 할머니임에도 쫓아 나와 반겼다.

멀리서 살지만, 녀석들이 이리 스스럼없는 것은 며느리의 숨은 노력 덕이었다. 영상통화로 매번 낯을 익혀왔고, 명절에 내려오면 오래 머물다 돌아갔던 결과다. 아들이 부재중이지만 오길 잘했구나 싶었다. 며느리가 정성 들여 차린 밥상을 받으며 남편의 빈 자리가 아쉬웠다. 나보다도 더 며느리, 손주들을 좋아하는 사람인데.

식사 후 며느리가 언제 내려가실 계획이냐고 물었다. 그러잖아도 마음이 쓰이는데 댓바람에 내려갈 날짜를 묻자 "왜? 내가 오래 머무를까 봐?" 하고 웃었더니 "아니에요, 일정을 알아야 계획을 세울 수 있지 않겠어요?" 했다.

며느리는 우리가 올라올 때마다 가만있질 않았다. 집 근처라도 나가 우리를 심심치 않게 하려고 마음 썼다. 수십 년 동안 서울을 오르내렸어도 시집 근처 마트나 드나들었지, 놀기 위해 나간 적은 없었다. 며느리 맞고부터 서울 구경을 제대로 하고 있다. 특별한 곳은 아니다. 집 주변 청계천 불꽃놀이라든가 서울 숲, 남산, 고궁 등 이번에도 며느리가 "어머님 어디 가보고 싶은 곳 없으세요?" 했다. 머뭇거리자, 집에서 가까운 남산 타워나 가보자고 해 따라나섰다.

집 나서면 고생이라더니 휴일이라 타워 구경 행렬이 마치 뱀이 사리를 틀 듯 끝 간 데 없이 이어졌다. 난감했다. 더군다나 우리는 애 둘에 노인인 나까지 낀 상황이다. 되돌아가야 하지 않을까 싶은데 며느리는 그럴 의사가 전혀 없어 보였다. 큰손주와 나는 벤치에 앉아 쉬게 하고, 작은애는 앞에 업고 대기 줄을 서고 있었다. 며느리가 애쓰는 걸 보니 고마움으로 가슴이 뭉클했다.

드디어 손주들과 함께 케이블카에 올랐다. 도심에 자리한 남산 타워 가을 정취가 한눈에 들어왔다. 단풍도 곱지만, 케이블카에서 손주들의 재롱 받으며 가을 정취에 취해 있다 보니 목적지에 다다랐다.

이곳저곳 둘러보다가 남산 타워 명소인 사랑의 열쇠고리 코너 앞에서 멈춰 섰다. 그 규모가 어마어마했다. 어디에서도 이리 많은 자물통을 본 적이 없다. 관광객 중 젊은 사람들이 많은 이유를 알 만했다. 열쇠고리 하나하나에 사랑의 언약이 담겨 있다고 생각하니 열쇠가 단순한 사물이 아닌 생명체로 느껴졌다. 정이 메마른 세상이라고 개탄하지만 젊은이들 내면엔 아직도 순수한 정을 품고 있다는 얘기다. 가장 진실하고 따듯한 순정을 담고 있다는 생각에 그 장소에서 예쁜 자물통을 구경하며 손주들과 기념 사진도 남겼다.

어둑발이 내리는 아슴아슴한 가을밤, 케이블카를 타고 내려오는 남산의 정취 또한 밝은 낮과는 다른 운치가 있었다. 산을 내려와 고마운 마음에 저녁은 내가 살 테니 먹고 들어가자며 카드를 내밀었더니 무슨 말씀이냐고 했다. 맛난 파스타에 차까지 대접받고 돌아왔다.

아들에게서 전화가 왔다. 자기도 없는 집에 와서 불편하지 않았냐고. 네가 없어서 더 대접을 잘 받았다고 하자, "그래요?" 하며 껄껄 웃었다. 우리 가족은 앞으로 이 마음으로 살자고 했더니, "그럼요." 했다.

그렇다고 딸 같은 며느리를 기대하지는 않는다. 각자 서 있는 위치에서 더도 덜도 말고 오늘 같은 마음이기를 바라는 마음이다.

야자수 너울에 정박하다

　베트남 푸꾸옥으로 가족 여행을 떠났다. 가족과 함께하는 자유여행이어서 따로 마음 쓸 일이 없어 편안했다.
　이튿날, 새벽잠이 없는 나는 파도 소리에 잠이 깨었다. 살금살금 문을 열고 산책길에 나섰다.
　리조트 촌은 여행객을 실어 나르던 버기카 소리도 멎고 들리는 건 파도 소리뿐, 문명의 소리라곤 들을 수 없었다. 잘 정리된 야자나무 가로수를 따라 푸른 파도 넘실대는 바닷가로 발걸음을 옮겼다.
　리조트에 인접해 있는 천혜의 바다, 바다 가장자리에 푸른 파도를 둘러싸 안은 듯 이곳에도 많은 야자나무가 식재되어 있었다. 우리나라와 같은 바다이지만 야자나무가 있어 이곳이 이국땅임을 일깨웠다. 편안한 마음으로 바다 들머리에 신발을 벗어 놓고 맨발로 모래톱을 밟았다. 모래밭 가장자리 야자수 그늘, 비치파라솔과 해변 의자, 깨끗한 타올도 마련되어 있었다. 해변 의자에 비스듬히 누워 한참 바다를 바라보다가 걷고 싶어 일어섰다.

이국의 해변을 걷는 기분이 묘했다. 끊임없이 달려와 부서지는 파도가 마치 머리 풀어 산발한 무희의 춤사위 같았다. 바다와 백사장, 발바닥에 닿는 보드라운 모래의 사각거림이 온몸의 세포를 자극해 정신을 깨웠다. 마음이 백지처럼 가벼웠다. 얼마 만에 느껴보는 감촉인가. 맨발 모래밭 걷기의 짜릿함에 빠져 걷는데 며느리와 손주들이 모래밭 들머리에 등장했다. 이국 해변이어서인지 내 손주들과 며느리를 바라보는 마음이 더 애틋했다.

아들 결혼 전, 걱정 아닌 걱정을 했었다. 결혼이 늦어지는 것도 걱정이었지만 자식이라곤 달랑 아들 하나뿐인데 자칫 나와 성향이 맞지 않은 며느리이면 어쩌나 하는 걱정이었다. 결혼을 재촉하는 나에게 아들은 그랬었다. 배우자가 자신은 물론 엄마 아빠와도 잘 맞아야 할 것 같아 그러니 조금만 기다려 달라고.

그즈음 나의 기도가 우리 가족에게 맞는 며느리를 보게 해 달라는 내용이었다.

그러던 어느 날, 한 아가씨를 데려왔다. 아들이 어련히 알아서 결정했을까 싶은 마음도 있었지만, 처음 보는데도 밝고 단아한 모습에 정이 갔다. 선을 본 뒷날, 우리가 내려간다고 하자 예비 며느리가 서울역에 나왔다. 내려가시며 드시라고 간식까지 챙겨 들고. 역시나 예비 며느리는 처음 느낌 그대로 언행이 조신했다. 토박이 서울내기지만 부모님의 맞벌이로 할머니 손에서 자라서인지 어른에 대한 마음씀이 각별해 보였다.

지금도 시집에 오는 걸 부담스러워 하지 않는 것 같다. 내려오면 조손간 소원하지 않도록 오래 머물다 가곤 한다. 돌아갈 때면 아예 다음에 와서 입을 옷이며 장난감을 놓고 간다. 제 눈에 안경이라고, 별것 아닌 것 같지만 내 눈에는 그런 자잘한 마음씀마저 미쁘다. 나도 무슨 일이 있을 땐 아들보다는 며느리를 찾는다.

야자나무 밑에 떨어진 야자를 주워 손주들에게 설명하는 사이 바다 수영을 즐기려는 여행객들이 하나둘 등장했다. 힘차게 자맥질하는 그들의 모습이 자유로워 여행의 즐거움을 보탰다. 온몸에 전해지는 일탈의 기쁨, 이게 여행의 묘미가 아닐까.

이 여행을 떠나오는데 우여곡절이 많았다. 체력도 체력이지만 여러모로 가까운 이웃 나라면 좋겠다고 하자, 아들은 가까운 곳은 나이 들어서도 갈 수 있지만 제법 비행해야 하는 베트남 휴양지는 지금 가지 않으면 더 어렵다는 이유를 들었다. 어쩔 수 없어서 가겠다고는 했지만 역시 썩 내키지는 않았다.

아이들이 돌아간 후 티브이 동치미 프로를 보게 되었다. 아무도 시부모와 함께 여행 떠났다는 며느리는 없었다. 안 가도 되는 핑곗거리가 생겨 아들에게 얼른 전화를 넣었다. 우리 신경 쓰지 말고 너희들끼리 즐겁게 다녀오라고. 아들은 "그게 무슨 소리냐? 우리를 위한 여행이 아닌 부모님을 위한 여행인데 주인공이 빠지면 어쩌느냐?"고 목청을 높였다. 그때 옛 기억 하나가 떠올랐다.

모처럼 시골에서 할머니가 올라오셨다. 창경원을 구경시켜 드리려 했는데 할머니는 "나 다리 아파 안 가겠으니, 너희나 다녀오너라." 라고 말씀을 하셨다. 그 말씀이 어이없어 다들 웃었는데 지금 내가 그러고 있다. 결국, 아들의 격앙된 목소리에 입을 닫고 말았다. 사실 나도 겉으로는 이 핑계 저 핑계 끌어댔지만, 외국 여행에 대한 설렘이 전혀 없는 건 아니었다. 자식들과 함께라면 못 갈 것도 없었다. 하지만 아들에게 폐 끼치고 싶지 않은 마음이 더 컸다.

한데, 와 보니 따라나서길 잘했다는 생각이 들었다. 머나먼 이국이지만 휴양 효과인지 몸과 마음이 이완되어 그 어느때보다도 마음이 상쾌했다. 앞으로 점점 외국 여행은 어려워질 것이다. 하지만 마음은 다시 이런 기회가 주어진다면 못 이기는 척 따라나서고 싶다.

다들 여행 기간이 짧음을 아쉬워했다. 손주들도 물놀이가 좋은지 더 살다 가면 안 되느냐고 했다. 아들이 그 마음을 헤아려 오전에 체크아웃해야 하는데 한나절을 늘려 저녁 식사 후 밤 비행기를 탔다. 비수기였기에 가능한 일이었다.

아이들과 함께한 4박 6일이 하루 같이 흘렀다. 아쉬움을 남긴 채 돌아오는 밤 비행기 안, 자리에 앉자마자 달콤한 피로감이 수면 유도제가 되었다. 모두 단잠을 잤다. 잠에서 깨어보니 인천공항이었다. 개운했다. 이번 여행이 우리 가족사에 평생 잊지 못할 기분 좋은 여행으로 남을 것 같았다.

우리는 늙어가고, 손주들은 쑥쑥 자라고 있다. 조손 사이는 점점 멀어질 것이다. 온 가족이 함께한 푸꾸옥 여행이 가족 여행의 마지막이 될 수도 있다. 하지만, 다시 가족여행을 기대하는 걸로 아쉬움을 달랜다.

늙으니 좋다

문인들의 종교 모임을 만드는 자리였다. 모임을 주선하신 분이 돌아가며 자신을 자랑하는 시간을 갖자고 하셨다. 자기소개라는 말 대신 자랑하는 시간을 갖자고 하신 건 첫 모임에서 오는 서먹함을 풀어주기 위함인 것 같았다.

그 의도는 맞아떨어졌다. 처음 만난 자리임에도 다들 자기 자랑하기에 스스럼이 없었다. 소수의 사람은 간단한 자기소개로 끝내는데, 대부분 오뉴월 엿가락 늘어지듯 화려한 스펙 드러내기에 부지하세월이었다. 하긴 간단한 자기소개로 끝냈다면 첫 만남에서 오는 서먹함은 그대로였을 것이다.

어느 단체 회장을 맡고 있다는 분은 외모로 보아 고희를 넘긴 분 같은데, 서울에 있는 대학에 진학해 장학금을 받으며 공부한다며 다들 해보라는 듯 열변을 토해냈다. 박수를 보낼 일이지만, 사람마다 제 나름의 그릇이 있다는 평소의 소신에 흔들림이 없었다.

건너 건너 오던 순번이 옆자리에 멎었다. 나무가 나이테로 살아온 연륜을 말하듯, 옆 분은 겉태에서부터 예술적 아우라가 범상치 않았다. 자기 작품 가치를 높이는 일이라면 거리 장소 불문, 부산 서울까지 찾아 나선다고 했다. 전공 분야 외에 사진, 문학에도 소질을 발휘해 사진은 작가로서 이미 국내를 벗어나 외국에서도 상당한 수상 경력이 있다고 했다. 이분의 열정에 그의 자랑이 과하다는 생각은 들지 않았다.

드디어 내 차례였다. 자랑거리가 없었다. 이전 같으면 벌써 남의 화려한 스펙 앞에 기가 죽어 덜덜 떨 일인데 다행스럽게도 덤덤했다. 첫 모임 자리이니 건너뛸 순 없고, '그래, 있는 그대로 하면 될 일, 무지가 부끄러운 일은 아니니까.' 하는 마음이 드니 편안하게 말문이 열렸다.

"나는 글 쓴 이력이 꽤 되지만 사실 글솜씨라야 그저 그렇다. 다른 분야에 재능이 있는 것도 아니다. 배움이 짧은 건 가난한 산골 태생이니 합당한 이유가 되지만, 결혼 후 공부할 기회가 있는데 하지 않은 건 공부에 소질이 없단 말 밖에 달리 설명할 길이 없다.

남편 퇴직 후가 고비였다. 멀쩡한 두 사람이 하는 일 없이 한 공간에 있기란 나날이 사막이었다. 견디다 못한 내가 사막을 탈출, 일자리를 찾아 행로를 넓혔다. 그 대가로 내 손에 돈이 들어왔고, 내 노력으로 번 돈이니 평생 기 한 번 못 펴고 산 나에게 뭔가를 해주고 싶었다.

뭘 할까 곰곰 생각해 찾은 게 글공부였다. 다행히 글공부하는 게 즐거웠다. 그 즐거움을 놓치고 싶지 않았다. 그때 다짐했다. 앞으로의 여생은 내가 좋아하는 글공부를 하며 살기로.

인간의 본성인가? 얼마 안 가 내 주제를 모르고 탐심이 끼어들었다. 공모전을 통해 내 실력을 인정받고 싶었다. 남을 딛고 올라서려는 동기가 불순해서인지, 아니면 공부 함량 미달이어서인지 글문이 막혔다. 몇 번 투고 하다가 스트레스만 가중될 뿐, 내가 원하는 즐기는 삶이 아님을 깨달았다. 내가 쓸 수 있고 즐길 수 있는 쉬운 글쓰기로 선회하면서 평정심을 찾았다. 그렇게 쓴 글을 모아 이태 전에 책을 묶어 나눴다. 나의 하찮은 글을 누가 읽어주랴 싶었는데, 의외로 자기 삶 같다며 공감한다는 인사를 많이 받았."

이렇게 자랑을 마무리했다. 말주변이 없어 제대로 표현 못해 그렇지, 할 말을 못한 것 같진 않았다. 남 앞에 설 때 고질적인 떨림 증상이 사라진 건 남의 시선에서 벗어나 홀로서기에 성공했다는 방증일까. 아니면 늙음에서 오는 여유일까.

늙음을 환영할 사람은 없을 것이다. 노년의 들머리인 갱년기, 내 인생은 이대로 끝인가 싶었다. 생활 여건, 몸 건강도 폭풍 전야처럼 지각변동을 일으켰다. 지나고 나서 알게 되었다. 그건 농부가 오래 경작한 논에 땅심을 북돋우기 위해 개토하듯, 노년의 삶을 풍요롭게 살기 위한 통과 의례였음을.

새로운 삶의 시작, 노년이라는 하얀 도화지 위에 어떤 그림을 그릴까. 이 시기는 수고한 나에게 조물주께서 내린 선물 같은 시간이다. 누구를 위한 삶이 아닌, 진정 나를 위한, 내가 원하는 즐기는 삶을 살아 보리라. 사람은 생을 다할 때까지 공부해야 한다고 하지 않았던가. 자신이 부족한 사람이라는 인식은 평생 공부해야 한다는 촉매제이자 몸을 낮추게 하는 방어기제였다. 결코 자신이 부족한 사람이 되는 걸 억울해할 일이 아니다. 이 나이에 멋진 남자에게 마음이 설렌다면 주책이지만, 나를 키우기 위한 글공부에 마음이 설렌다면 괜찮은 삶 아닌가? 남이 자랑하는 스펙을 쌓는 공부와는 거리가 멀지만, 글쓰기는 진정 나를 돌아보고, 찢긴 마음을 아우르는 내 인생에 필요한

위로의 장이다. 유한한 삶이기에 순간순간이 아깝다.
　어느 블로그에 '아~ 늙으니까 참 좋다. 자고 싶으면 자고, 먹고 싶으면 먹고~~. 늙음이 아니면 어찌 맛보리!' 라는 구절이 마음에 와 닿았다. 지금 내 마음이 그렇다.
　살아오면서 요즘처럼 마음이 여유로워 보긴 처음이다.

제3부

길들이기

열두 폭 병풍의 산수화가 생명을 얻은 듯 아름다운 자태를 드러낸다.
훼손된 병풍이 내 검은 양심을 보는 것 같아 마음이 씁쓸하다.

- 유품
- 묘사
- 추억의 끈을 잡고
- 미운 정 고운 정
- 빛바랜 사진 한 장
- 인생 후반의 딜레마, 불면증
- 골초들의 설 자리
- 노치원 오빠
- 길들이기

유품

　모임에서 어느 독거노인의 사후 자식들의 행위가 화제에 올랐다. 그들은 아버지가 돌아가시자 부모가 살던 집을 팔았다. 다들 분가해서 사는 처지이니 아버지 집을 처분한 것까지야 나무랄 게 없다. 한데, 부모가 사용하던 살림살이며 유품마저 갈무리하지 않은 채 남의 손에 넘겨버렸다.
　새 집주인이 한 집안의 역사가 담긴 소중한 유품을 이대로 폐기할 수는 없다 싶어 전 집주인의 자손들을 수소문해 연락을 취했다. 아들들은 하나같이 알아서 처리하라고 했고, 하나밖에 없는 딸은 생전에 아버지가 아들만 챙겼는데 지금 와서 딸이 무슨 상관이냐는 냉담한 반응이었다.

　요즘 효가 땅에 떨어졌다고들 하더니 이 정도일 줄은 몰랐다. 그들의 행위가 목에 걸린 가시처럼 쉬 넘어가지지 않았다. 어느 가정이나 부모님 유품 한두 점은 간직하고 사는 게 예사다. 그게 웃어른의 자취이자 연결고리로 여겨온 게 지금까지 관행이었다. 한데 요즘 들어 그 풍습이 삼베 바지에 방귀 새 나가듯 사라지고 있다. 설마 내 자식들이야 하는 마음이지만, 내 자식들도 변화에 취약한 그 나물에 그 밥이다.

　놀라운 건 같이 듣던 동료들의 태도다. 분기탱천해야 할 일인데 질타하기보다 죽기 전에 내가 사용하던 물건은 내가 정리해야 한다는 쪽에 한 목소리였다. 험한 꼴 당하기 전에 그럴 여지를 만들지 말아야 한다는 갸륵한 자구책이었다.

　나도 집에 돌아오자마자 집 안을 살펴보았다. 다행히 워낙 살림이 단출해 치울 건 별로 없었다. 돌아서다가 장롱 위 선반, 하얀 보자기에 눈길이 멈췄다. 뭔가 살펴보니 어머님이 귀히 여기시던 병풍 그림이었다. 어머님 돌아가신 후, 가지고 내려와 장롱 위에 올려놓고 여태 잊어버렸다.

　어머님이 병풍을 펼쳐 보이며 병풍의 내력을 얘기하신 적이 있다. 이 병풍은 남종화의 대가 소치 허련 선생의 아들 미산 허영의 작품으로, 재능이 아버지 소치나 아들 남농에는 못 미쳐도 유명한 화가라고. 외조부가 간직하고 있던 것을 장녀인 당신에게 물려주신 유품이라고 하셨다.

그러고 보니 미산의 아버지 소치 허련은 알게 모르게 들어 앎이 있는 분이었다. 지금은 사라졌지만, 학창 시절에 해마다 진도 군청 앞 넓은 광장에서 소치 예술제를 열었었다. 보리 베기철인 농번기라 주민들의 예술제 참여도가 낮아지자 관에서 학생들을 동원해 자리를 메웠었다. 그 한 가지만 보더라도 보통 분들은 아니었다.

소치 허련은 조선 후기 추사 김정희의 수제자로, 서화로 유명한 예인이었다. 스승 추사 김정희가 타계하자 소치는 고향인 진도로 돌아와 의신면 사천리 첨철산 밑에 초옥을 짓고 운림산방雲林山房이라는 옥호를 걸었다. 그곳에서 생을 다할 때까지 서화를 벗 삼아 여생을 보냈다고 한다. 쓰러져 가는 초옥을 1982년, 미산의 아들 허 건이 복원, 허 씨 3대의 작품을 전시하는 지방 문화재로 오늘에 이르렀다.

어머님이 병풍을 소중히 간직해 온 것은 그 가문이 훌륭해서가 아닐 것이다. 아버님이 당신에게 내린 귀한 유품이기에 함부로 할 수 없어서이리라. 우리 어머님도 독거노인으로 사시다 생을 마감하셨다. 유품 정리는 가까이 사는 시누이가 맡았다. 각자 필요한 유품을 나누고, 실생활에 쓸모없는 물건은 폐품 처리하기로 의견을 모았다. 폐품 처리 품목 중 진품명품에 나 나갈 만한 그 병풍이 끼어있었다. 어머님 마음이 담긴 물건이지만 아무도 탐하는 이가 없었다. 버리자니 어머님 말씀이 목에 걸렸다. 외할아버님이 당신에게 남긴 귀한 유품이라는.

한데, 내 대에 와서 병풍을 제대로 간직하지 못하고 훼손했다. 한 다리 건너 천리라고 며느리인 나의 마음은 부모님 유품이 귀해서라기보다 차마 버릴 수는 없고, 마지못해 간직하고 있다. 장롱 위에 방치했으니 버린 거나 마찬가지였다. 아버지의 유품을 버린 그들이나 나나 뭐가 다른가.

병풍그림을 거실 바닥에 펼쳐본다. 열두 폭 병풍의 산수화가 생명을 얻은 듯 고고한 자태를 드러낸다. 훼손된 병풍이 내 검은 양심을 보는 것 같아 마음이 씁쓸하다. 가끔 유품을 꺼내 펼쳐보는 걸로라도 마음의 경계를 삼아야 할 것 같다.

묘사

집에서 지내던 제사를 묘사로 대체한 건 어머님이 돌아가신 후부터였다. 홀로 사시던 어머님이 세상을 떠나시자 자연스럽게 시집 해체 수순을 밟았다. 본가가 사라지니 서울까지 먼 길을 오르내리던 수고가 줄어 홀가분함도 있었지만, 친정엄마도 없는 터에 시모마저 타계하시니 어머니라 부를 수 있는 뿌리가 뽑힌 것 같은 상실감이 컸다.

가족 모임의 구심점이던 큰집이 사라졌으니 제사는 어디에서 지내야 할지, 어머님이 말씀을 남기셨으면 그대로 따르면 되는데 아무 말씀이 없었다. 의논 끝에 명절은 각자 집에서 지

내고 부모님 제사는 형제들 얼굴도 볼 겸 묘사로 지내기로 마음을 모았다.

어머님의 첫 묘사날이었다. 목욕재계하고 미리 성당에 가서 위령미사를 드렸다. 가족끼리 묘지 앞에서 제를 지내기로 했지만, 그건 사람이 정한 요식행위일 뿐, 성당에서 드리는 위령미사가 진정한 제사라고 여겼다. 미사를 봉헌했으니 묘사는 어머님을 기리는 마음으로 가볍게 다례로 지내도 되리라 여겼다. 어디까지나 가족 만남에 중심을 두었다.

그런 결정을 허투루 정한 건 아니다. 신부님을 시아주버니로 둔 지인에게 물어 결정한 일이었다. 지인은 성직자 시아주버님의 안배로 제사건 명절이건 다례로 지낸다고 했다. 신부님 가족이 그렇다면 그게 바른 제사 예법이려니 여겼다. 남편도 제사 방법에 관한 나의 얘기를 듣고 별다른 이의가 없었다.

고향에 조상님들이 묻힌 선산이 있지만 거리가 멀다는 이유로 어머님이 가까운 천안 공원묘지에 산소를 마련하셨다. 묘사날, 동서가 과일과 꽃을 준비한다기에 나는 떡과 술을 준비했다. 그것이면 족하지 싶었다. 아침 일찍 배달 온 제사 떡을 들고 울산에서 천안으로 향했다. 기차를 타는 것도 좋았지만 오랜만에 가족들 만날 생각에 기분이 들떴다.

가족들이 묘소를 둘러보고 정결하게 정리한 다음 돗자리를 깔고 가져온 제사 음식을 꺼냈다. 동서와 내가 해 온 것이 전부인 줄 알았는데 그게 아니었다. 시누이가 전통 제사 음식 일습을 바리바리 해 왔다. 나름 소홀함 없이 제사 준비한다고 했음에도 시누이가 해 온 음식을 지켜보는 마음이 편치 않았다. 겉으로는 "역시 딸은 다르네." 하며 웃었지만, 며느리이다 보니 딸이 해 온 음식들을 보는 마음이 편할 수만 없었다. 더군다나 첫 제사가 아닌가.

각자 들고 온 제물들을 전통 제사 격식에 맞춰 진설해 놓으니 제상이 가득하였다. 그 앞에 엎드려 다 함께 예를 드렸다. 분위기가 무르익자, 처음과는 달리 기분이 꽤 괜찮았다. 제사를 마친 후 시누이가 한 말에 분위기가 바뀌었다. 앞으로 제사 음식은 세 집이 돌아가며 마련하자고. 그러고 보니 시누이가 제사 음식을 제대로 해 온 건 앞으로 묘사는 이런 식으로 지내자는 본을 보인 것으로 느껴졌다. 이대로 있다간 꼼짝없이 평생 먼 곳에서 음식을 해 날라야 할 것 같은 예감이 들었다. 얼른 "요즘은 다들 제상을 간소하게 차리는 추세"라는 말을 방패로 내세웠다. 시누이 말이 "누가 그러더냐? 나 아는 사람들도 신자이지만 누구도 그리 지내는 사람은 없다." 라고 받았다. 기세로 보아 말해 봐야 씨도 안 먹힐 것 같아 입을 닫았다.

일 년에 두 번이라지만 음식을 해 나를 생각을 하니 머리가 지근거렸다. 먼 곳에서 여기까지 오는 수고는 차지하더라도 남편은 원거리 운전은 고사하고 동네운전도 싫어하는 사람이다. 묘지 오는데도 쉬엄쉬엄 운전하고 오면 되는데 운전을 싫어해 대중교통을 몇 번 갈아타며 이곳에 왔다. 그런 상황에 새벽같이 일어나 제사 음식을 마련해 들고 오기가 쉬운 일이 아니었다.

하긴 어머님 살아 생전에 성당에 나가셨지만, 대대로 내려온 유교 제사 예법을 그대로 따르셨다. 나도 그 뜻을 거스를 수 없어 군말 없이 따랐다. 다만 예를 드린 후 나의 제의로 위령기도를 다시 드렸다. 한 제상 앞에서 두 가지 방법으로 제를 지낸 셈이다. 그러면서 다짐했었다. 내 대에서는 이러지 않으리라고.

오랜만에 만난 가족들이 첫 제삿날 묘지 앞에서 다투는 것도 모양새가 그렇고, 간단한 문제가 아닌 것 같아 입을 닫았다. 가족의 화목을 최고로 치셨던 어머님이 이 모습을 보신다면 마음이 어떠하실까. 삼월 초의 썰렁한 묘지에서 제를 지낸 음식으로 배를 채운 둥 만 둥 털고 일어섰다.

돌아오는 길, 기차 안에서 복잡한 생각을 털어버릴 겸 들고 온 책을 펼쳐 들었다. 어느 지인이 돌아가신 부친을 그리워하는 절절함을 적은 글이었다. 아버지의 정을 모르고 자란 나이지만 작가의 마음이 고스란히 읽혔다. 그 글을 보면서 사람마다 망자를 기리는 통로가 다르구나 싶었다. 어떤 방법이 옳고 그름은 모르겠고, 어머니를 그리워하는 마음의 깊이가 며느리와 딸이 같지 않다는 사실은 알 것 같았다. 같은 상황 앞에서도 며느리는 이성적, 실리적 입장인데 반해 딸의 마음은 본능적인 부모님 사랑 그 자체인 것 같다.

생각해 보면 며느리의 얕은 정을 딸의 가없는 정에 비기는 것부터 어불성설이다. 한발 물러나 생각하니 내가 교회를 내세워 제사의 정당성을 확보하려 든 건 아닌가 싶었다. 모든 일이 실익을 따라 움직인다면 세상살이가 얼마나 삭막할까.

어느 제삿날, 시누이가 몸이 아파 묘사에 오지 않았다. 드디어 내가 생각하던 방식으로 제상을 차리고 기도로 마무리 지을 수 있었다. 동서네와 두 집 식구는 시내로 들어와 맛집을 찾아 식사하며 좋은 시간을 보냈다. 한데, 마음 한구석이 허전한 건 뭔가. 예상 못한 일이었다. 비로소 시누이의 빈 자리가 크게 느껴졌다. 그때 우리는 한배를 탄 가족이라는 생각이 들었다.

여전히 시누이와 동서가 제사 상차림은 전담하고 있다. 나는 이전 그대로여서 늘 미안한 마음이다. 요 근래에 성균관 제사상 표준안이 등장했다. 하지만 어느 한 사람 제상 차림에 대한 언급이 없다. 한데 얼마 전 동서로부터 반가운 소식을 들었다. 이번 제사는 날씨가 추워 다례로 대신한다는 것이었다. 흐르는 세월 앞에 변하지 않는 것은 없다. 그러고 보면 뭔가 당장 뜻대로 안된다고 안달할 것까지는 없다. 시간이 모든 걸 해결해 준다.

　해를 거듭할수록 산소에 찾아가는 길이 소풍 가는 기분이다. 몸이 시원치 않아 여행 가기도 쉽지 않은 요즘, 가족 모임인 묘사 덕에 만남의 명맥을 유지하고 있다. 이게 다 부모님의 음덕이지 싶어 마음이 평화롭다.

추억의 끈을 잡고

　서울 아들 집에 머물며 새벽 미사를 다녀오는 길이다. 집에 들어가려니 현관 도어락이 발길을 막는다. 지난밤 며느리가 열쇠를 교체했다는 말을 일러주었는데 깜빡 잊고 챙기지 않았다. 핸드폰으로 연락해 들어갈 수는 있지만 아이들 단잠을 방해하고 싶진 않다. 그렇다고 현관 밖에서 무작정 기다릴 순 없지 않은가. 마음이 가는 대로 발길을 돌린다.
　아들 집은 어머님께서 생전에 사시던 집이다. 울산에 살지만, 이 동네는 어머님 병환 중에 자주 오르내린 터라 낯선 곳은 아니다. 주변을 둘러보니 여기저기에 어머님의 자취가 되살아

난다. 추억의 끈을 잡고 발밤발밤 발걸음을 옮겨 간다.

가장 먼저 찾은 곳은 어머님이 내 팔을 붙들고 운동하시던 놀이터다. 아무도 없는 놀이터에서 어머님과 내가 생시처럼 트랙을 돌고 있는 느낌이다. 몸을 겨우 가누시는 어머님은 운동을 적당히 하셨으면 싶은데 그럴 마음이 아니었다. 당신이 작정하신 운동량은 기필코 채우고 마는 성품이라서 진을 뺐다. 하긴 어머님의 그런 정신력이 병마로 쓰러진 아버님을 대신해 가정을 바로 세운 근간이 되었으리라.

휠체어 밀고다니던 동네 안길에 어머님 단골 약국이 있다. 임종 얼마 전부터 음식을 거부하실 때면 이 약국에서 의약 대체식을 구입, 연명하시기도 했다. 다들 이전 그대로인데 어머님은 없다. 생명의 유한함에 마음이 싸하다.

걷다 보니 갈 곳이 줄을 잇는다. 발길이 어머님이 즐겨 찾으시던 노인정으로 향한다. 노인정 하면 할 얘기가 많다. 어머님이 집안에서 홀로 계시기에 어느 날, "어머님, 적적하신데 노인정에라도 가시지요." 했더니 싫다고 하셨다. 그러던 어머님이 노인정에 매일 출근하시게 된 계기가 있다. 이화여전 나온 인텔리 할머니가 입소했다는 소식을 들으면서부터다. 대단한 분이 들어왔다고 하니 호기심이 일었던 걸까. 아니면 자기 수준에 맞는 친구의 등장이어서일까? 그 후 틈만 나면 노인정을 찾으셨다.

  노인정은 아직 이른 아침이어서 문이 잠겨 있다. 안을 들여다보려 해도 불투명 유리라 보이지 않는다. 눈으로 볼 수 없지만 마음 안에 그 시절 전경이 어제 일처럼 떠오른다. 둘러앉아 고스톱을 치는 모습, 운동하는 모습, 두런두런 환담 나누는 모습. 유독 더 선명하게 떠오른 한 장면은 쇠잔한 어머님의 토라진 모습이다.

  한동안 어머님은 병이 깊어서 노인정에 발길을 끊으셨다. 기분이 좀 살아나자, 모처럼 노인정에 가는데 케이크라도 사 들고 가자고 해 따라나섰다. 병환 중인 어머님이 며느리를 달고 들어서자 모두 반겼다. 한데, 어머님 기분에 찬물을 끼얹는 사고가 발생했다. 내 모습을 본 노인들이 약속이나 한 듯 한 목소리로 며느리 고생시키지 말고 입주 간병사를 쓰라는 닦달이었다. 듣는 며느리는 민망하면서도 내심 고소했다. 내가 하고 싶어도 차마 못한 말을 노인들이 해 주셨기 때문이다.

  새초롬히 앉아계시던 어머님이 나를 돌아보시며 집에 가자고 채근하셨다. 어머님에겐 쓴소리였겠지만 나에겐 가뭄에 단비 같은 소리여서 어머님 마음을 헤아리지 못했다. 얼른 얼굴에 번진 웃음을 수습하고 어머님을 부축해 따라나섰었다.

  사실, 그 시절 나의 삶은 참 고달팠다. 어머님은 우리 집에 함께 살자고 해도 서울을 떠나기 싫다는 이유로 거부하셨다. 병환 중인 어머님을 돌보기 위해 그 먼 길을 오르내려야 했으니, 때론 한숨을 몰아쉴 때도 있었다. 그러다가도 움찔했다. 부모님 간병에 다른 이유가 있을 수 없지 않은가. 어머님 집은 늘 깔끔해서 힘들 건 없는데, 어딘가에 매어 산다는 심적인 부담이 컸다.

노인정 옆에 자리한 숲속 헬스장으로 발길을 옮긴다. 야트막한 야산 밑에 자리한 헬스장은 이른 아침이어서 인기척이 없다. 운동기구를 하나하나 이용해 본다. 어머님도 아마 이곳 운동시설을 이용하셨으리라. 어머님의 체취가 느껴지는 듯, 감회가 새롭다. 잘해 드린 기억보다 못해 드린 기억이 더 선명하게 떠오른다. 그때 좀 따뜻한 마음으로 모셨어야 했는데….

이 생각 저 생각이 교차한다. 사건이 좀 많았을까. 때로는 서운하고 때로는 얄밉고, 그런 마음이니 올라와도 어서 내 집으로 돌아가고 싶었다. 며느리의 마음을 아는지 모르는지 내가 내려가겠다고 하면, "벌써 가려고?" 하셨다. 더 머물기를 원하시는 어머님의 마음을 외면한 채, 매정하게 돌아서곤 했다. 그런 며느리를 배웅하기 위해 아무리 말려도 동구밖까지 나와 내가 보이지 않을 때까지 휘적휘적 잘 가라고 손을 흔드셨던 어머니. 회한인들 왜 없을까. 회한은 왜 늘 기차가 떠난 뒤에 오는가!

　추억은 늘 잃어가는 기억을 되살려 오늘을 새롭게 인식하게 한다. 뜻하지 않은 도어락 사고로 추억 여행을 하게 되고, 그 시간은 내 위치에서 삶을 재조명해 보는 귀한 시간이 되고 있다. 어머님 집이었다면 발길을 돌릴 게 아니라 휴대전화를 사용해 도움을 받았을 것이다. 내 아들이지만 결혼한 아들 집은 어머님 집처럼 만만치가 않다.

　날이 훤히 밝아 현관에서 마음 놓고 전화했더니 문이 열린다. 이제서야 일어나는 중이다. 아이들 단잠을 방해하지 않은 것에 안도하며 잠에서 깬 손주놈들을 끌어안는다.

미운 정 고운 정

참 이상도 하지. 이대로만 간다면 하고 마음을 놓는 순간, 사건이 터져 평화롭던 집안이 살얼음판이 되고 만다. 남들은 오래 살다 보니 이심전심 다툴 일이 없다던데, 익을 대로 익어 농익을 세월도 지났건만 우리 부부는 왜 이럴까. 신혼 초라면 철없는 엇부루기 뜸배질 정도로 치부하겠는데, 우리는 중년을 넘긴 부부다. 두 사람의 인성에 치명적인 결함이라도 있는 걸까. 그 부분에선 아직도 청춘이다.
　어느 한쪽이라도 흉허물을 보듬어 줄 늘품이 있으면 좋은데 피차 한 고집하다 보니 느슨하게 풀린 문짝의 경첩처럼 어긋장만 늘었다. 결국 묵언 수행에 들고서야 화해의 실마리를 찾곤 한다. 청실홍실 엮인 관계라도 부부싸움엔 승부가 없다했던가. 네 탓이니 내 탓이니 토닥거려도 언제 그랬느냐는 듯 허허거리는 걸 보면 갈라설 정도의 미움은 아닌 것이다.

거기까지가 마지노선인데 설상가상 그 틀마저 허무는 변수가 생겼다. 남편이 짐 싸들고 집안으로 들어 왔다. 대부분 남자는 경제력을 잃으면 기가 꺾여 젖은 낙엽이 된다던데, 남편은 어찌 된 속인지 외려 목에 힘이 빳빳하게 들어가 있다.

명예롭게 퇴직의 관문을 통과했으니 개선장군이라도 된 기분일까? 집에서 세 끼 다 개기는, 시쳇말로 갈 데 없는 '삼식이'임에도 기세가 등등하다. 끝까지 가장으로서의 권위는 내려놓지 않을 기세다. 그도 받아줄 명분이 있을 때 가능한 것이지 종이호랑이 처지에 가당키나 한 일인가.

전에는 남편을 "우리 집 삼식이, 삼식이" 하는 친구가 곱게 보이지 않았다. 험한 세상 다리가 되어 가정을 위해 헌신한 가장에 대한 예가 아니라고 생각했다. 막상 당해보니 그 마음을 알 것 같다. 별것 아닌 것 같지만, 세 끼 밥 챙기기가 보통 일이 아니다.

직장에 나갈 때는 아침은 집에서, 점심은 회사에서, 저녁에도 외식이 잦았다. 한데 세 끼를 곱다시 해 바쳐야 하니 죽을

맛이다. 자신의 처지를 알아, 군말 없이 먹어주면 누가 뭐라나. 반찬은 많이 해서 뜸 들이지 말고 그때그때 먹을 것만 해라. 외식은 나가기 귀찮아서 싫고, 사 온 김밥은 맛이 없어 안 되고. 그러면 나더러 어쩌라고. 나는 평생 자기 뒷바라지만 하다 날 새라고? 상황 파악 못하고 애써 해 올리는 밥상에 감 놔라 배 놔라 토 달고 나서니 기가 차다.

내 인생 후반전의 꿈은 이게 아니었다. 그간 못해 본 여행, 영화도 보고 맛집 찾아다니며 입 호강도 누리고 싶었다. 이대로는 안 될 것 같아 결단을 내렸다. 그의 기분이 좋을 때를 골라 최대한 부드러운 목소리로 이 문제를 들고 나왔다.

"부부지간도 엄연한 공동체인 만큼 원칙이 필요하다. 집안일 분담하기, 상에 오른 음식에 쓰다 달다 토 달지 않기, 점심은 취향대로 각자 해결하기, 피차 즐겁게 살기 위한 제안이니 이것만이라도 지켰으면 한다!"

잠자코 듣던 그가 입을 열었다. "내가 토를 단 적 있어? 함께 사는 사람으로서 개선할 부분을 일깨워 준 것뿐, 다른 뜻이 없다."라고 잘라 말했다. 방 안 공기가 싸했다. 결론은 오리무중, 나의 언제까지 이렇게 살아야 하느냐는 볼멘소리를 끝으로 남편은 긴 묵언 수행에 들었다.

말이 없으니 조바심이 났다. 내가 노는 남편이라고 너무 나갔나? 사람 성격이 쉬 변하지 않는다는 건 경험으로 알고 있는 터, 낀 세대란 말이 괜히 생겼겠나. 지금 젊은 세대들이 누리는 분복은 내 것이 아니다. 사람마다 세대마다 각자 감당해야 할 짐이 있다.

군말하지 않고 나부터 묵언 수행을 거뒀다. 순한 양처럼 눈에서 힘을 뺐다. 그가 집안일 하든 말든 상관하지 않기로 마음을 비웠다. 할 일이 있으면 말없이 내가 했다. 이상한 건 혼자 일을 전담하고 있는데도 마음이 편하다는 점이다. 이전 같으면 놀고 있는 처지에 요구만 많은 남편이 얄미워 다툼을 걸었는데 작정하고 내가 하다 보니 그가 일을 해도 안해도 봐 줄 만했다.

나름의 고육지책이 통한 것일까. 남편에게도 변화의 바람이 불어왔다. 시키지 않아도 요즘 남편은 할 일은 알아서 척척 한다. 미워하는 마음도 혈기가 왕성할 때지, 지금은 열내는 것도 힘 빠지는 일이다. 친구들이 그래도 남편과 함께할 때가 좋다는 걸 보면 옆지기 소중함을 제대로 알고 살아야 할 것 같다.

미운 정 고운 정은 다툼으로 수십 년 내공이 쌓인 부부에게서나 논의 될 사안이다. 사람은 변하지 않는다는 사실을 진리로 받아들일 그릇이면 미운정 고운정이라 가능하다. 견뎌 낸 세월이 억울해서라도 끝까지 그 삶을 즐거운 수준까지 끌어올려 보리라.

빛바랜 사진 한 장

흔히 말하기를 진정한 친구란 함께 웃어 줄 사람, 울어 줄 사람이라고들 합니다. 그 말이 요즘 들어 절실하게 다가옵니다.

그간은 삶을 꾸려가는 것만으로 버거워 아무 생각 없이 살았습니다. 가끔 마음이 허전할 때면 친구가 곁에 있었으면 싶지만 아쉽게도 흉허물없이 민낯으로 찾아가 차 한 잔이라도 나눌 가까이 사는 친구가 없었습니다.

친구가 전혀 없는 건 아닙니다. 나에게도 그런 친구가 서넛은 있습니다. 멀리 살아 얼굴 마주 보고, 눈 맞추며, 대화 나눌 수 없음이 안타까울 뿐입니다. 덜 여문 소녀적부터 연이 닿아 사귀어 온 친구들이지요. 그 친구들과 통화를 시작하면 시간은 어느새 고무줄이 되고 맙니다.

그중에서도 더 마음이 가는 친구가 있습니다. 시골 학교 친구로 만나 어려운 시절을 함께한 친구입니다. 사춘기인 데다 남녀 공학이어서 부끄러움이 많고 행동이 자유롭지 않을 때였습니다. 쉬는 시간에 볼일 보러 가려면 복도에 건들거리는 남학생이 서 있기 마련이었지요. 그곳을 혼자 통과하기란 여간 마음 쓰이는 게 아니었습니다. 어느 날부터 복도를 지나갈 때면 내가 그 친구의 손을 잡고 있었습니다.

아무리 생각해도 모를 일입니다. 키가 작은 나는 앞쪽에 앉고, 친구는 키가 커서 뒷좌석에 앉는데다 그 아이는 읍내에 살고 저는 산골 마을 출신이었으니까요. 하나하나 톺아보아도 가까워질 연결고리가 없었습니다.

눈에 보이지 않는 인연이었을까요. 당연히 자취방도 친구 집 가까이에 얻었습니다. 수시로 서로의 집을 오갔었죠. 맛난 음식이 있을 때면 친구가 자취방에 사는 나를 부르러 오기도 여러 번입니다. 우리 집은 깡촌이니 그렇다 치고 친구 집은 읍내인데도 그리 잘 사는 것 같지 않았습니다. 내가 본 친구는 학교 다니면서도 엄마의 일을 열심히 돕는 성실한 친구였습니다.

가난한 우리에게 애환이 없을 수 없었습니다. 제주도로 수

학여행 떠나던 날, 가고 싶은 수학여행도 못 가고 건빵 한 봉지 사 들고 염천교를 찾았었지요. 난간에 기대어 메마른 건빵을 씹으며 바라본 가을 하늘은 어찌 그리 푸르던지요. 시리도록 푸른 가을 하늘이 그리 슬퍼 보일 수 없었습니다. 그 친구와 더 가까워진 건 아마도 어려운 시절을 함께한 때문이었지 싶습니다.

어느덧 졸업이라는 시간 앞에 섰습니다. 졸업과 동시에 친구와 헤어져야 한다는 안타까운 현실이 기다리고 있었습니다. 둘을 묶어 둘 뭔가가 필요하다고 생각했습니다.

고작 생각해 낸 게 기념사진 촬영이었지요. 사진 한 장 찍는 것도 나에게는 용기가 필요했습니다. 사실 나는 어릴 적에 오빠들에게 못난이로 놀림을 받아 사진 찍기를 피해 왔었습니다. 그러던 내가 사진관을 찾은 것은 큰 결심이었습니다. 친구와 헤어짐이 무엇보다도 아쉬웠던 게지요.

졸업 후 편지로 소통하다가 그마저도 세월 속에 묻혔습니다. 이별이 길어지자, 인연이 다했나보다 했었지요. 그러던 어느 날, 내 이름을 묻는 전화 한 통을 받았습니다. 내 이름 석 자, 그때는 내가 들어도 생경한 이름이었습니다. 혼전에는 나를 대변하던 호칭이었지만, 그간 누구도 내 이름을 불러주는 사람이 없었습니다. 어딘가 모자란 사람처럼 누구 엄마, 어멈, 아줌마로 통했으니까요. 수십 년을 뛰어넘어 내 이름을 불러준 유일한 사람, 그는 헤어짐이 아쉬워 사진을 함께 찍어 간직했던 친구였습니다.

　기억 속에 묻혀 있던 친구가 나를 수소문해서 전화를 했더랬습니다. 잔잔한 감동의 물결이 가슴을 적셨습니다. 만날 장소를 생각하다가 "울산 한번 오지 않을래?" 했더니 두말 없이 오겠다고 했습니다.

　약속한 날 터미널로 나갔었지요. 강산이 두 번 바뀔 세월이 흘렀지만, 친구를 못 알아볼 리 없다고 생각했습니다. 키가 크고 해사한 친구의 얼굴은 어디에도 없었습니다. 낯선 여인이 나를 알아보고 내 이름을 불렀습니다. 바라보는 순간 깜짝 놀랐습니다. 내 기억 속의 청순하고 해맑은 얼굴이 아니었으니까요.

　하얗던 얼굴이 까만 흙빛이고, 몸매도 늦가을 콩밭에 수수깡처럼 수척해 보였습니다. 세파에 할퀸 흔적이 역력했습니다. 기쁨 반 애처로움 반으로 끌어 안고 안부를 물었지요. 그간 무슨 일이 있었길래….

　친구는 중증 간경화를 앓고 있었습니다. 그런 몸으로 나를 찾아온 것입니다. 이식밖에 답이 없다고 하더군요. 생사의 갈림길에서 간⑪ 수여자를 찾고 있지만 쉽지 않다는 친구의 표정에 처연함이 어른거렸습니다.

그 후 다행히 동생으로부터 장기를 받아 위기를 넘겼습니다. 얼마나 다행스럽던지요. 지금은 상태가 많이 호전되어 시간 날 때마다 서로 안부를 물으며 지냅니다.

얼마 전 친구와 고향 여행을 다녀왔습니다. 친구는 광주역에서 미리 표를 예약해 놓고 나를 기다리고 있었습니다. 내 고향인 진도행 버스 좌석에 앉아 함께 버스를 타고 가는 기분, 험한 세파를 헤쳐 온 두 인생에 대한 안쓰러움일까요? 소풍 가는 것과는 결이 달랐습니다. 슬픔인 것도 같고, 기쁨인 것도 같은.

친구가 지갑에서 빛바랜 사진 한 장을 꺼내 보여주었습니다. 나에게는 없는 졸업 기념사진! 그 사진을 보는 순간 뭉클했습니다. 수십 년도 넘은 사진을 아직도 간직하고 있다니. 풋풋한 어린 시절의 아련함이 사각의 틀 속에서 금방 튀어나올 것 같았습니다. 할 얘기가 좀 많았겠습니까. 고향 땅을 걷고 걸으며 나눈 얘기는 그날 밤 잠자리까지 이어져 밤 깊은 줄 몰랐습니다.

어느 교수의 '마지막 수업'에서 한 말이 생각납니다.

"친구가 없는 삶은 실패한 인생이다. 문필가로, 교수로, 장관으로 성공했다고 할 수 있지만 나는 실패한 삶을 살았다. 친구가 없다. 동행자가 있다고 생각했지만, 나중에 보니 경쟁자였다."

진정한 친구의 소중함을 일깨워 주는 글입니다. 이 친구와 나 사이는 아무 시샘 질투심도 가져본 적이 없습니다. 피차 세상이 말하는 성공은 못 했지만, 가진 것에 만족할 줄 아는, 그 마음은 같습니다. 그게 성공한 인생 아닐까요.

인생 후반의 딜레마, 불면증

'잠이 보약이다'라는 말이 있다. 정신적, 육체적 건강을 유지하는 데 필수이니 잠은 단순한 휴식 이상의 의미가 있다는 말이다. 잠을 푹 자고 나면 헝클어진 매듭이 풀리고 무거웠던 마음이 가벼워져 기분 좋은 하루를 맞게 된다. 그런 걸 보면 '잠이 보약'이라는 말이 전혀 근거 없는 낭설은 아닌 것 같다.

한데 나는 어린 시절 말고는 숙면과는 거리가 먼 삶을 살고 있다. 중년을 넘어서면서부터 눈을 붙이면 한밤중에 눈이 뜨여 말똥거리는 게 예사다. 다시 잠을 청해도 잠들기가 쉽지 않다. 이렇듯 잠 못 드는 악순환이 거듭되다 보니 밤이 두렵다.

불면증 초기에는 잠을 상대로 네가 이기나 내가 이기나 사투를 벌였다. 이불을 뒤집어써 보고 검은 안대를 착용하기도 했다. 그럴수록 잠은 더 멀리 달아났다.

한참을 그런 고통을 겪다가 어느 의사의 불면증 퇴치 강의를 듣게 되었다. 여러 가지 방법 중 어려운 책을 곁에 두고 읽으면 잠이 온다는 말이 귀에 꽂혔다. 책 읽기를 즐겨 해서가 아니라 어려워 안 읽고 쌓아둔 책이 곁에 있어 잠들기 위한 가장 쉬운 방법이 책 읽기였다.

잠자기 위한 독서이니 당연히 재미없다. 어려운 책을 읽어도 눈의 각성이 심할 때는 잠들기가 쉽지 않다. 하지만 대부분 눈꺼풀이 무거워지면서 잠이 온다. 그럴 때를 포착, 얼른 책을 덮고 잠자리에 든다.

궁여지책으로 해 본 건데 생체리듬이 바뀐 것일까? 단잠은 아니더라도 평균 5시간은 자고 있다. 성인 평균 수면 시간이 7~8시간이라고 한다. 겨우 5시간 잔 것으로 충분하다고는 할 수 없지만 정신이 맑으니 이게 나에게 맞는 생체리듬이겠거니 한다.

불면증과의 인연이 짧지 않다. 어릴 적 친정어머니가 불면증으로 고통받는 걸 보며 자랐다. 오죽했으면 어린 우리 자매가 세상에 우리 어머니 잠 잘 자게 하는 약은 없을까 고민했을까. 하루 종일 농사일로 피곤하실 텐데도 어머니는 도통 잠을 못 이루셨다. 지아비 없는 여자의 몸으로 가장의 자리를 감당하려니 걱정이 많아 그러셨으리라.

걱정 없이 사는 언니도 불면증을 호소하고 있다, 언니에게 전화할 일이 있어도 신경을 건드리는 내용이면 저녁 시간은 피할 정도다. 언니나 나나 어머니처럼 생활고를 겪는 것도 아닌데, 불면증에 시달리는 이유가 무얼까. 우리 모녀들은 태생 불면증에 취약해서일까.

상황이 이렇다 보니 잠에 관한 정보 방송이면 챙겨 보게 된다. 방송을 시청하면서 요즘은 잠들기 어려운 더 큰 이유가 있음을 알았다. 다름 아닌 디지털미디어 환경이 수면방해의 요인이라고 한다. 다른 기기도 그렇지만 컴퓨터나 휴대 전화는 몸에 지니고 산다 해도 과언은 아니다. 그 기기들이 생체리듬을 교란해 수면 장애를 유발한다고 하니….

예전에도 불면증을 호소하는 경우가 있었지만, 요즘 같지는 않았다. 전자기기에서 발산하는 블루라이트 때문은 아닐까. 현대인들은 다들 디지털 기기와 한 몸을 이루어 산다. 늙은 나도 곁에 폰이 없으면 찾는다. 소통의 매개물이 디지털기기이니 별수 없는 일이다.

마약, 알코올만 중독이 아니다. 폰 과다 사용도 중독이다. 이러니 방법을 몰라 하는 걱정이 아니다. 알지만 디지털의 마성을 거스를 수 없어 하는 걱정이다. 현대인에게 소통의 수단인 폰 없이 정상적인 삶이 가능할까.

질문이 생긴다. 인공지능을 개발한 고급 두뇌로 몸에 무해한 휴대 전화를 개발할 수는 없을까. 수면제를 먹으면 치매 걸릴 확률이 높다고 하니 마음 놓고 약을 먹을 수도 없다. 이럴 수도 없고, 저럴 수도 없는 진퇴양난의 상태, 불면증은 현대인들에게 행복을 저해하는 딜레마다. 불면증으로 고통받는 사람이 느끼는 게 그 방증이다.

몸에 좋은 약도 넘치면 독이 되듯 기기 사용도 넘치면 그런 것 같다. 힘든 우리를 일에서 해방한 기기이지만 건강에 꼭 필요한 잠을 앗아간다면 어찌해야 할까. 기기 사용의 적정선을 지켜야 하지 않을까.

잠이 보약이란 말을 되새겨 본다. 인간의 본능 중 자기 보존 본능, 식욕, 성욕, 수면욕 본능 등을 들고 있지만 불면증을 겪고 있어서인지 여러 본능 중 수면 본능이 커 보인다. 잠을 충분히 자지 않고는 건강도 해치지만 행복할 수 없다. 아직 약 먹을 단계는 아니어서 잠 자기 위한 일환으로 걷기와 수면에 도움이 되는 음식을 챙겨 먹고 있다. 많이 걷는 날 쉬 잠에 빠져드는 걸 보면 효과도 있다는 얘기다. 하지만, 단잠을 잘 수 있는 좀 더 합리적인 방법은 없을까?

우리는 언제쯤 꿀잠을 잘 수 있을지. 과학의 힘을 빌려서라도 단잠을 잘 수 있는 환경을 기대하는 마음이다.

골초들의 설 자리

밤 열한 시가 넘은 시각, 윗집 여자의 날이 선 목소리가 정적을 가른다.

"베란다에서 담배 피우지 마세요!"

찔리는 게 있어 문을 박차고 나가 옆지기 소재를 파악한다. 잠자리에 든 걸 확인하자 졸았던 마음에 역으로 짜증이 올라온다. 초저녁잠이 많은 나는 설핏 든 잠을 방해받으면 신경이 거슬려 밤늦도록 잠을 못 이룬다. 저런 일은 관리실을 통해 해결하지 다들 잠들 시간에 웬 소란인가 싶었다.

하긴 전에도 경고 방송을 들었던 것 같다. 늦은 밤이어서인지 여자의 목소리는 괴기스럽기까지 했다. 도둑괭이처럼 살금살금 베란다 귀퉁이에서 끽연하다 딱 걸린 그 남자의 처지가 처연하다. 이대로는 안 되겠다 싶었던지 윗집 남자도 가세해 쓴소리를 토해 낸다.

"이제 좀 그만합시다!"

남자의 격앙된 목소리에 전운이 감돈다. 어느 지방 도시에서 층간 소음으로 다투다가 끝내 살인을 범한 일이 얼마 전 일이다. 다행히 문제의 남자는 뭐라 대꾸하는가 싶더니 군말 없이 꼬리를 내린다. 잠을 방해받은 것이 짜증스러웠지만, 나도 윗집 여자를 탓할 상황은 아니다. 남편이 자칭 애연가다. 나의 성화에 6개월 금연하다가 제자리로 돌아간 지 한참 지났다. 그러면서 한다는 말, 세상의 담배를 모조리 태워 없애야 한다고 너스레다. 피우지 말라는 잔소리가 더 스트레스란 말에 요즘은 아예 입을 닫고 산다.

내가 거리에서 만나는 가장 싫은 사람 1호가 흡연자들이다. 길을 가다가 흡연자를 만나면 흡연자의 아내인 나마저도 불에 댄 강아지처럼 줄행랑을 치게 된다. 자신은 즐거울지 모르지만, 냄새에 민감한 다수의 사람은 어쩌란 말인가. 요즘은 예전에 볼 수 없던 청소년, 여자들까지 가세해 드러내놓고 흡연을 즐기는 추세다.

담배의 시발점은 원주민이었다고 한다. 1492년 콜럼버스가 신대륙을 발견했을 때, 그곳 원주민인 샤먼들이 주술 의식으로 사용했다는 전언이다. 그러던 것을 콜럼버스를 비롯한 탐험가들이 유럽으로 가져가면서 전 세계에 퍼져나갔다. 프랑스 외교관인 장 니코는 담배 보급에 큰 영향을 미친 인물로, 담배의 주성분인 니코틴이 그의 이름에서 유래되어 지금에 이르렀다.

흡연은 사람이 살아있는 한 근절시키기는 어려운 것 같다. 할머니가 들려주던 옛날 얘기가 '옛날 옛적 호랑이 담배 피우던 시절에…'로 시작해 지금에 이르듯 사람에게 담배가 해로운 걸 알면서도 면면히 이어져 오고 있는 걸 보면 그 속에는 옛이야기처럼 끊기 어려운 뭔가가 있다는 얘기다. 담뱃갑에 보기에도 끔찍한 해골 경고 문구를 넣어도 골초들의 수요는 줄지 않고 있다.

우리나라 담배는 임진왜란 때 일본인이 많이 거주하는 울산에서 재배하기 시작, 전국으로 번져나갔다는 기록이 있다. 어릴 적 우리 집에서도 담배 농사를 지었다. 그 시절 담배 재배는 가난한 농가에서 목돈을 만질 수 있는 기회였다. 잎담배를 채취해 건조할 때면 온 가족이 동원되었다. 헛간이며 마당에 새끼줄을 친 다음 채취한 잎을 굴비 엮듯 엮어 널고 바지랑대를 세워 말렸다. 온 식구가 니코틴에 절어 살았지만, 몸에 유해하다는 얘기는 들어본 적이 없다. 외려 의료 시설이 열악해 검증 안 된 담뱃가루를 입소문만 믿고 치통, 발 무좀에 약재로 이용했다. 피그말리온 효과였던지 이상하게 담뱃가루를 바르면 통증이 진정되었다.

집집이 재떨이 없는 집이 없었다. 남자들뿐 아니라 나이 든 할머니들도 흡연하는 모습이 자연스러웠다. 곰방대 길이로 권력의 높낮이를 가늠했다고 하니 그때는 담배가 대접받는 시대였다는 얘기다. 그러던 것이 1964년 미국 공중보건국이 진통 끝에 흡연 폐해를 공식 선언, 첫 금연 보고서를 발표하여 금연을 장려하는 지금에 이르렀다.

몸에 해로운 담배도 약간의 긍정적인 면이 없지 않다. 요즘 옆지기를 보면서 그걸 느낀다. 삭막한 도회의 삶, 갈 곳 없는 은퇴자들에게 옹색하나마 담배 피울 장소가 있어 사람을 만나고 정보를 교환한다. 일전에 고장난 보일러를 담배 친구들이 와서 수리한 적이 있다. 담배 피우러 나가 보일러 고장 얘기를 했더니 두 분이 올라와 깔끔하게 고쳐놓았다. 어제는 텃밭 일구는 친구가 건넨 풋고추를, 오늘은 낚시광인 친구가 싱싱한 고등어를 한 보따리 들고 왔다. 사람 사귀는데 서툰 그가 담배를 끊지 못하는 데는, 흡연하면서 만난 인연을 잃고 싶지 않기 때문은 아닐까.

위층이 잠잠하다. 야단치던 여자도 담배 피우던 남자도 한풀 꺾인 모양이다. 가면 갈수록 흡연자들의 설 자리가 없다. 그런데도 흡연 인구는 줄지 않고 있다. 흡연자와 비흡연자의 줄다리기, 이 게임에 승자가 있을까.

노치원 오빠

 아들 집에 올라왔다가 오랜만에 서울에 사는 오빠 집에 들렀다. 잠자리를 안내받아 들어간 방에 짧은 편지며, 그림, 조화들이 전시되어 있었다. 전에 없던 풍경이다. 동화 나라에 온 기분이 되어 얼른 든 생각이 손주들 작품이구나 싶었다.
 가까이 가 보니 단문의 편지글이 낯익은 필체였다. "여보, 고맙소. 당신을 사랑하오!" 그때서야 감이 왔다. 이 방안 전시물의 주인은 노치원생 오빠라는 걸. 콧날이 시큰했다. 분명 마음이 가라앉을 상황인데 그렇지는 않았다. '아, 인생은 이렇게 아기가 되어 이 세상에 나왔다가 다시 아기가 되어 제자리로 돌아가는구나.' 싶었다. 순간의 마음이 그랬다.

올케의 남편 돌보는 손길이 갓난아기 돌보는 엄마의 마음 같아서다. 오빠가 언제 저런 극진한 대접을 받아본 적이 있을까. 삶에 짓눌려 쉴 틈 없이 비얄길을 오르느라 다리 한 번 펴고 살지 못했으리라. 내가 오빠의 천진무구한 모습에서 인생행로의 귀의라고 느낀 건 올케의 병든 남편 돌보는 손길이 엄마 같아서이다. 나를 바라보며 이렇게라도 오빠가 오래 살았으면 좋겠다는 올케의 말이 빈말로 들리지 않았다.

우리 가족의 아픈 과거사가 되살아난다. 큰오빠는 시골에서 살다가 자식들이라도 잘 키워볼 요량으로 전답을 팔아 서울에 올라왔다. 둘째 오빠가 일찍이 서울의 큰 의류업체에서 디자이너로 일하다 대기업에 스카우트 되어 해외 지사에 진출했으니 믿을 만하다고 여겼던 것 같다. 형제들이 뜻을 모아 사업체를 만들었다. 사업 차린 지 몇 년 안 가 불황이 겹쳐 빈털터리가 되고 말았다. 무모한 도전이었음을 깨달은 건 사업이 기울고 난 후였다.

산 사람 코도 베간다는 서울, 엉성하게 시작한 사업은 엄혹한 현실의 벽을 넘지 못해 백기를 들고 말았다. 사업이 그리 호락호락하다면 누군들 못할까. 형제들은 바닥에 떨어져 각자도생의 길을 갈 수밖에 없었다.

그때 아마도 식구가 단출한 셋째 오빠 지분이 가장 적었던 것 같다. 오빠는 기술도 있고 아직 젊으니 취업할 수도 있었다. 하지만, 낮아진 마음으로 욕심 없이 세탁업을 선택했다. 옷과 연관된 일이고, 내 노력으로 할 수 있는 일이니, 먹고사는 데는 지장이 없으리라 믿었던 게다.

노력한 만큼 보상은 돌아온다는 말 대로 부부가 한마음이 되어 한 목적을 향해 일하니 재산이 늘어났다. 집도 사고, 아들딸도 말썽 없이 잘 자라주었다. 아들은 큰 제약 회사의 지점장, 딸은 외국계 회사에서 자리를 잡았다.

생활의 여유도 생겼다. 나이가 들어 오라버니도 세탁일을 접었다. 여태 고생한 자신에게 보상이라도 하듯 서예 학원에 등록했다. 목표 지향적인 오라버니의 성향 탓일까, 모처럼 주어진 노년의 시간이 너무 아까웠을까? 취미생활도 일하듯 서예에 매료되어 온종일 서실에서 살았다. 화선지에 한 획 한 획 글을 완성해 가는 게 너무 즐겁다고 했다.

어느 날, 전시회를 한다고 했다. 그 무렵 오빠의 목소리에는 윤이 흘렀다. 개인전이 아닌 합동 전시회인데도 좋은 글을 선보이기 위해 서실에서 살았었다. 그게 무리였을까? 기분과는 달리 전시회에 낼 글을 준비하다가 서실에서 쓰러지고 말았다.

뇌졸중! 그 후유증으로 언어도 어눌해졌다. 더불어 그 좋아하던 서실도 갈 수 없게 되었다. 평생 일만 하던 오빠가 뒤늦게 찾은 행복은 펼쳐보기도 전에 무너져 내렸다. 그 후 삶은 보지 않아도 알 것 같았다. 우울했으리라. 불행은 꼬리를 물고 온다고 했던가. 얼마 안 있어 같은 병명으로 다시 쓰러지는 치명타를 입었다. 병원에 달려갔지만, 그때는 이미 치료 적기를 넘긴 후였다. 그 후 우울증이 일상이었다. 마음의 병이 깊어 병원을 찾았더니 의사는 애석하게도 혈관성 치매라는 달갑잖은 진단을 내렸다. 그 소식을 처음 접했을 때 마음이 덜컥 내려앉았다. 이제부터 살 만하다 싶었는데 오빠 인생 억울해서 어쩌나!

우여곡절 끝에 오빠는 올케에게 아이로 돌아왔다. 그때부터 올케의 눈물겨운 병간호가 시작되었다. 규칙적인 운동, 옷 입고 벗기기, 치매에 좋은 음식을 챙기는데도 부실하지 않도록 일거수일투족 올케 손이 따라다녔다. 집에서만 간병하는 것이 능사가 아니라는 생각에 도움이 될 수 있는 곳을 알아보다가 노치원의 소재를 알게 되었다. 어린아이 유치원 보내듯 남편을 노치원에 등록하게 되었다.

다행히 오빠는 순한 치매여서 노치원에 적응을 잘한다고 했다. 웃음이 많아지고 행복하냐고 물으면 그렇다고 한다. 올케도 껌딱지처럼 붙어 다니던 남편이 없으니 숨 쉴 틈이 생겼다며 그 삶에 적응해 살고 있다. 그러면서 다들 전직 대통령을 정치 못했다고 원망하지만 치매 환자를 위한 시설 하나만큼은 확실하게 해준 대통령이어서 고맙다고 했다. 가끔 올케는 노치원 오빠 수업 영상을 보내온다. 그 모습이 평화롭다. 올케는 말이 오빠가 이리 가무에 능하다는 걸 처음 알았다고 한다. 그 춤, 노래에 오빠의 고단한 삶의 고뇌가 담겨있지 않을까.

주위에서 보면 가족이 조금만 치매기를 보이면 자식들까지 나서서 요양원에 보내버리는 게 보편적인 추세다. 한데 우리 오빠는 자식들도 돌봄이 극진하지만, 아내의 정성어린 돌봄을 받아 포실하게 살고 있다. 성공은 부나 명예가 아닌 살아낸 과정이라고 볼 때, 오빠는 성공한 삶을 살고 있다. 정이 흐르는 화목한 가정을 가꾸지 않았는가. 가족의 따뜻한 간병을 받으며 살다 가는 것이니 오라버니 인생, 그리 억울할 건 없을 것 같다.

길들이기

　책장에 빛바랜 책 한 권이 있다. 이사를 들고 날 때마다 더 볼 가치가 없다 싶은 책은 처분했지만, 이 책은 이런저런 이유로 정리 대상에서 살아남아 서고의 한 자리를 차지하고 있다. 성인 동화로 유명한 프랑스의 작가 생 텍지페리의 『어린 왕자』이다.

　이 책을 버리지 않은 데는 두 분의 성직자들 말씀 때문이다. 무소유를 실천하며 사셨던 김수환 추기경 님이 애장하고 있다고 하셨고, 법정 스님 또한 경전의 꽃이라 할 수 있는 화엄경과 같은 반열에 올려놓았다고 했다.

한때 나는 불자도 아니면서 법정 스님의 팬이었다. 그분이 신간을 내면 무조건 사 보았다. 구도자이면서 문필가인 그분의 산문에서는 여느 작가와 다른 청량한 바람 냄새가 났다. 세속에 초연한 신분 때문이어서일까. 그 시절, 스님의 날이 선 명쾌한 글을 읽는 것만으로도 마음이 맑아지는 듯했다. '서 있는 사람들', '영혼의 모음', '텅 빈 충만' 등등. 그중 『무소유』에서 많은 지면을 할애해 '어린 왕자'에 대해 극찬을 아끼지 않았다.

"너를 통해서 비로소 인간관계의 바탕을 인식할 수 있었고, 세계와 나의 촌수를 헤아리게 된 것이다. 그때까지 보이지 않던 사물이 보이게 되고, 들리지 않던 소리가 들리게 되었다. 너를 통해 나 자신과 마주친 것이다."

짙은 철학적 사유가 배어나는 독후감 같은데 나에게는 핵심이 정확하게 잡히지 않았다. 망설이지 않고 서점에 들러 『어린 왕자』를 샀다. 얼른 펼쳐보았지만, 읽는 속도가 점점 느려졌다. 이게 무슨 소릴까? 그분들이 극찬하던 내용이 무엇인지 내 둔한 머리로는 도대체 이해 불가였다.

스님은 지묵으로 된 책들 중 선택하라면 화엄경과 『어린 왕자』를 꼽겠다고 했으니, 보통 책이 아닌 건 분명했다. 하지만 이리 난해할 줄 몰랐다. 생각해 보니 나야말로 이 책에 등장하는 소통 불가의 행성인이 아니었던가. 다시 읽어봐야지 하는 마음으로 책꽂이에 꽂아두고 손이 가지 않아 지금에 이르렀다.

어느 날 도서관에서 반가운 문자 하나가 날아들었다. 『어린 왕자』를 선정해 6주에 걸쳐 특강할 예정이라 했다. 얼른 신청했기 망정이지 금방 인원이 꽉 차 듣고 싶은 강의를 놓칠 뻔했다. 출판한 지 꽤 오래된 책인데 단숨에 인원이 마감된 걸 보면 나처럼 이 책을 제대로 알고 싶은 사람이 많았던 게다. 강사는 강의 듣고 난 후에 각자의 삶에 대한 마음 나눔을 갖는다는 말로 강의의 포문을 열었다.

어린 왕자는 지구에서 멀리 떨어진 소행성에서 3개의 분화구를 청소하거나 요리하면서 정성 들여 장미를 키우며 살았다. 하지만 까탈스러운 장미의 투정을 받아주기가 너무 버거워 그의 곁을 떠났다. 여러 혹성을 여행하면서 각 분야의 어른들을 만났다. 어른들의 권위적이고 계산만 하는 삶을 이해할 수가 없었다. 지구학자로부터 혹성 중 제일 크다는 지구별 얘기를 듣고 궁금증이 풀리지 않아 지구별을 찾아온 것이다.

지구별에 와서 놀라운 사실을 발견했다. 자기 별의 단 하나뿐인 장미는 세상에서 가장 아름다운 장미는 자기밖에 없다고 뽐냈었다. 한데 지구별에는 오천 송이도 넘는 장미가 피어있었다. 너무 아름다워 다가가 보니 장미는 그냥 장미일 뿐, 자신에겐 아무런 의미가 없다는 걸 깨달았다. 외로웠다. 외로워 여우에게 친구가 되어 달라고 부탁했지만, 아리송한 말을 했다.

"너는 나에게 길들여지지 않아 친구가 될 수 없다. 하지만 네가 나를 길들인다면 우리는 서로 필요한 존재가 되는 거야. 넌 내게 이 세상에 하나뿐인 아이가 되고 나도 너에게 이 세상에 하나뿐인 여우이고. 무엇이든 보려면 마음으로 봐야 해. 가장 중요한 것은 눈에 보이지 않아."

길들이기, 그게 무슨 의미일까 생각하다가 장미를 위해 공들인 시간이라는 여우의 말에 자기 별의 하나뿐인 까탈스러운 장미를 생각했다. 장미가 그리웠다. 장미를 그토록 소중하게 만든 건 내 시간과 정성을 내어주었기 때문이라는 것, 비로소 어린 왕자는 장미가 투정 부렸던 건 자기를 사랑하기 때문이었음을 깨달았다. 장미에게 돌아가야 한다는 생각이 들었다.

나눔 시간이었다. 여러 질문이 있었다. 그중 내가 선택한 건 '지금 내가 길들이고 있는 장미가 누구인가?'라는 물음이었다. 어떤 이는 자녀가, 남편이, 친구가, 심지어 애완견이라는 이도 있었다. 나의 장미는 누구일까. 곰곰 생각하다가 어린 왕자와 장미의 관계는 우리 부부와 유사하다는 생각이 들었다. 우리 부부도 장미 못지않게 까탈스러워 다툼이 잦았다. 한데, 그게 사랑이고 서로를 알아가는 길들이기라고 하지 않는가.

늘 불평을 일삼았는데 사실은 이 세상에 마음이 맞는 사람은 없다는 얘기다. 맞는 사람이 있다면 어느 한쪽이 참아주거나 지혜롭게 길들이기를 잘 해서라는 말 밖에. '중요한 것은 눈에 보이지 않아'와 '길들이기'는 이 책 전체를 관통하는 삶의 키워드인 것 같다.

  삶의 지침서인 낡은 책을 다시 책장에 꽂으며 '오직 마음으로 보아야 알 수 있어, 네 장미꽃이 소중한 이유는 그를 위해 네가 보낸 시간 때문이야.'라는 말을 씹고 또 곱씹는다.

제4부

자쾌自快

노인은 나이 든 사람이면 누구에게나 주어지는 호칭이고,
어른은 비록 앎은 부족해도 어른다운 인품을 지닌 인격체를 이름인 것 같다.

- 삶, 마음먹기 달렸다
- 공생共生
- 꼰대와 MZ세대
- 바닥짐
- 뉴 식스티의 생존법
- 말 걸어줘서 고맙소
- 잉여 인간의 넋두리
- 기후 우울증

삶, 마음먹기 달렸다

"언니, 나는 요즘 젊은 사람 곁에 가면 괜히 기가 죽고 내가 저들에게 폐가 되지 않을까 싶은 생각이 들어."

며칠 전 가까이 지내는 후배가 힘이 빠진 목소리로 내게 건넨 말이다. 서울 친구에게서도 같은 말을 들었다.

"늙는다는 건 슬픈 일인 것 같아. 젊은 사람들 속에 가면 몸을 사리게 돼."

사실은 나도 같은 마음이어서 '늙어서 좋을 게 뭐 있겠어. 다들 그리 사는 거지 뭐.' 하는 게 정답인데 같잖은 자존심일까. "왜 그리 살아? 할 말이 있으면 제 목소릴 내야지." 하며 허세를 부렸다.

성당 축젯날이면 신부님께서 교우들에게 점심 나눔 일손 돕기를 당부하셨다. 달게 점심을 먹고 일손을 거들기 위해 부엌에 들어서자 젊은 자매가 손사래를 쳤다.

"형님, 설거지는 우리가 할게요. 형님은 쉬세요."

그 순간 '내가 늙은이라서?' 하는 서운한 감정이 고개를 들었다. 분명 그녀의 행위는 노인을 예우하는 차원이지 무시한 건 아니었다.

노인이 되니 그 어느 때보다도 감정선이 민감해져 있다. 어른으로 대접해 주는 것 자체가 달갑지 않다. 노인복지관의 컴퓨터 교실, 실버 합창단에도 가입해 보았지만, 그도 내 취향은 아니었다. 이리 재고 저리 재다 보면 만만한 놀 자리가 없다.

도서관을 찾았다. 운 좋게 연대가 맞는 책을 고르면 그 속에 빠져들 수도 있지 싶어서다. 현대적인 시설을 갖춘 도서관이어서 책 한 권 빌리기도 누구 도움 없이는 어려웠다. 봉사자의 안내를 받아 『그리스인 조르바』라는 책을 골라 사서에게 내밀었다. 나를 훑어보던 그녀가 내 행색이 초라해 보였던지, "어르신이 읽기에는 좀 어려울 텐데요." 했다. '초면에 네가 나를 어찌 보고'하는 불편한 감정이 올라오는 데다 어르신이라는 호칭이 거슬렸다.

요즘 들어 내게 따라붙는 가장 듣기 싫은 호칭이 '어르신'이다. 몇 년 전만 해도 아주머니라는 호칭이 그랬는데 시절 따라 호칭 선호도가 변하는 것일까. 가뭄에 콩 나듯 듣는 아주머니, 어머님이라는 호칭이 그리 달가울 수 없다.

대여한 책을 집에 들고 와 이해할 수 있음을 증명이라도 해 보이려는 듯 작심하고 읽었다. 한 장 한 장 책장을 넘기면서 소설 주인공의 매력에 푹 빠져들었다. 주인공은 배움은 없지만, 인간 본연의 본능에 충실한, 삶을 즐길 줄 아는 인물이었다. 작가는 아마도 자신이 체면에 얽매여 살아보지 못한 이상향을 가상 인물을 통해 표출하고 싶었던 걸까. 누구의 눈치도 보지 않고 자기가 좋아하는 삶을 사는 조르바의 자유로움, 내가 찾는 삶도 이것이었지 싶다. 조르바에게 경쟁이라든가 남을 의식한 체면치레 따위는 없었다. 그리 살 수만 있다면 인생이 즐거울 것 같았다. 내가 이 나이에, 어디에 쓸 거라고 체면치레에 남의 눈치를 볼까.

그 한 권의 책이 도서관과 나를 연결하는 가교역할을 했다. 도서관에서 책 대여업무 말고도 지역 주민들을 위해 여러 가지 프로그램을 개발해 사람을 불러 모았다. 늙은이라고 집안에 쭈그러져 궁상떨 일이 아니었다. 젊은 친구의 권유로 당장 고전 강독하는 모임에 가입했다. 주민이면 누구에게나 공평하게 주어지는 기회라는데 늙은이라고 꺼릴 이유가 없었다.

  강의 내용은 내 수준으로는 내용이 확실하게 잡히지는 않았다. 회원들이 토론하는 내용을 들으면 여긴 내가 낄 자리가 아닌데 싶다가도 그들 속에서 공부하는 것 자체가 즐거워 자리를 지켰다. 그 자리는 나의 앎이 어느 수준인지 가늠할 수 있는 확실한 지표가 되었다.

  도서관에 나가면서 크게 달라진 점이 있다. 살아오면서 내가 접하지 못한 새로운 공부이고, 부족함을 알기에 몸을 낮춰 채우려 노력하고 있다는 부끄러움이 아닌 자부심이 생겼다는 점이다. 늦게 배운 도둑질 밤새우는지 모른다더니 꾸준한 노력의 대가로 늙음에서 오는 노년의 우울감도 사라졌다.

  칠십 중반이 코앞이다. 젊은이들 속에서 공부하지만 나이 듦을 빌미로 대접받고 싶은 생각은 추호도 없다. 누군가는 노인으로서 받는 대접을 당연하게 받아들일 때 노인이 된다고 했다. 젊은이들처럼 이 공부가 나를 찾아가는 길이라는 철학적 해석도 하지 않는다. 그간 내팽개쳐 뒀던 나를 일으켜 세워 새로운 삶을 활기차게 살아가는 것, 그게 공부하는 이유이다. 공부는 나를 새로움에 눈뜨게 한다.

공생

 태화강 십리대숲 산책길이다. 강가에 사람들이 모여 강에 시선을 준 채 웅숭거리고 서 있다. 무슨 일일까. 뛰어가 보니 꼬물거리는 수만 마리의 숭어 치어들이 강 가장자리를 까맣게 잠식하고 있다. 이 어마어마한 치어들이 어디서 몰려온 것일까. 짙은 암회색 생물이 스멀거리는 게 자연의 순환으로 보기에는 섬뜩하다.
 강이 수만 마리의 숭어 치어들을 말없이 품어 주고 있다. 호시절이라면 나라가 잘 될 길조라며 신기함에 환성이 터져 나올 만도 한데 검은 물체가 꼬물거리는 게 징그럽다는 이들도 있다. 그 모습이 마치 기후 변화로 현실감을 잃고 허둥대는 우리 모습과 닮았다. 환경 변화의 심각성을 깨닫기 전에는 우리도 난개발이 가져다준 편의에 빠져 아무 생각 없이 즐기며 살지 않았던가. 도둑이 제 발 저리다고 자연의 이상 현상이 내 탓만 같다.

구경꾼들의 표정이 제각각이다. 다수의 사람은 죽음의 강으로 불리던 태화강 수질이 회복되어 숭어 떼가 몰려온 것이니 길조라며 좋아했고, 환경 변화에 민감한 소수의 사람은 흉조로 보았다. 나 역시 환경에 관한 한 어두운 쪽으로 보는 부류여서 여기까지 달려온 것이다.

숭어 떼는 태어난 지 1~2년 된 치어로 민물과 바닷물이 교차하는 이곳에서 몸을 키워 바다로 돌아갈 것이다. 과연 저 많은 치어 떼가 무사히 돌아가 제 수명을 다할 수 있을까. 그 어느 때보다도 걱정이 앞선다. 이런 생각이 든 건, 지난밤 들은 어느 교수의 강의 영향 때문이기도 하다.

생물학자 최재천 교수의 환경 강의는 충격 그 자체였다. 생물이 대멸종 위기에 다다랐는데, 사람들은 심각성을 인식하지 못하고 계속 생태계를 파괴하고 있다. 온갖 괴질이 우리 삶 안으로 들어와 가축을 몰살시키고 사람의 삶을 위협하는 건, 인간이 자연을 파괴했기 때문이라는 요지의 강의였다.

어찌 보면 식상한 얘기다. 수없이 들어왔지만, 편리함에 취해 귀를 막고 있었다, 그러는 사이 바이러스가 사람의 자유를, 생명을 앗아가면서 사태의 심각성이 수면 위로 떠올랐다. 환경에 조금만 눈을 돌렸더라도 지구 소멸 위기라는 끔찍한 상황은 모면할 수 있을 텐데….

EBS 기획 프로에서도 '지구의 여섯 번째 대 멸종'이라는 타이틀로 멸종 위기를 불러온 인류의 잘못을 조목조목 근거를 들어 보여주고 있다. 인류의 대멸종이 멀지 않았다는 외침은 몇 년 전 환경 파괴를 멈추라는 스웨덴의 소녀 환경운동가 '크레타 툰베리'의 외침보다 훨씬 강도가 높았다. 그때는 우리와는 거리가 먼 이국땅에 특별한 소녀의 행위로 보고 긴박감을 느끼지 않았다. 자연 파괴의 심각성을 받아들이게 된 건 온 인류는 한 가족이라는 인식 때문이기도 하지만, 자연의 변이를 직시하면서부터다.

자연사 박물관에서 지구 멸망의 원인을 묻는 설문 조사를 했다. 식물 다양성 감소가 1순위로 꼽혔다. 주변에서 조금만 관심 있게 보면 친근하던 텃새, 아름답던 종의 나비들이 보이지 않음을 눈으로 확인할 수 있다. 집 뒤에 자리한 수변공원의 철새가 제철인데도 몇 마리 보이지 않는다. 곤충들의 울음소리가 사라져가는 산과 들, 꽃가루 60~70%를 옮기는 게 벌인데 벌의 개체 수가 가파르게 줄고 있다. 이들의 먹이 사슬이 끊기면 인간의 생명인들 무사할까.

거대한 자연의 반란을 어찌 잠재울 것인지. 이전의 삶으로 되돌릴 수는 없지만 지금이라도 우는 아이 다독이듯 자연을 진심으로 어르고 달래야 한다. 이건 우리 생명을 살리기 위한 실낱 같은 자구책이다. 원인 제공자인 우리가 뭐라도 해야될 것이 아닌가.

『호모 사피엔스』의 저자 유발 하라리는 인류의 멸망을 앞으로 300년 정도 예상한 적이 있다. 20~30년 정도 앞당겨지리라는 말도 있다. 우리는 어찌어찌 살 수 있지만, 후손들은 어찌 살까. 전에 이런 얘기는 사회에 불안감을 조성한다고 피했지만, 이제는 손바닥으로 하늘을 가릴 일이 아니다. TV에서 부쩍 환경 파괴 현장을 가감 없이 방영하고 있는 걸 보면 지구 위기의 꼭짓점에 다다른 것 같다.

자칭 태화강 지킴이라는 분의 말이 의미심장하다. 예전엔 이런 적이 없었다는 것이다. 다행인 것은 대다수의 사람이 희망적인 얘기를 하고 있다. 지난해 기온이 따뜻했고, 시의 태화강 살리기 정책으로 하수처리를 잘해 수질이 1, 2급수로 개선되었으며, 시민들의 높아진 자연보호 의식도 한몫했다는 것, 왠지 그 말을 믿고 싶다.

최재천 교수 강의의 핵심은 '자연은 우리가 극복해야 할 대상이 아니라 공생해야 할 대상'이라고 했다. 그리 생각하니 숭어 떼가 몰려온 것이 마치 자연과 인간 화해의 한 장면 같다. 공생의 실체가 이런 것 아닐까.

꼰대와 MZ세대

　육십 대의 독거노인이 외로움을 못 이겨 영원한 잠을 선택했다는 소식을 들었다. 얼마나 외로웠으면 스스로 목숨까지 버릴까. 이런 일이 어쩌다 한 번이 아니다. 사회 전반에 걸쳐 심심치 않게 일어나고 있는 사회적 현상이다. 이 사실을 입증하듯 세계에서 우리나라 황혼 자살률이 가장 높다는 명예롭지 않은 통계가 나와 있다.
　너 나 없이 먹을 것이 없던 시절, 보릿고개를 넘으려면 더러 아사자가 발생하기도 했다. 하지만 이웃 간 정이 살아있어 고독사하는 경우는 드물었다. 물질이 넘쳐나고 살기 편한 세상에 고독사라니! 노인 고독사라는 소식이 방송을 탈 때마다 성장에 가려진 우리의 민낯을 보는 것 같아 자괴감에 빠져든다.

지금의 노년층은 돈이 있어야 미래의 행복이 보장된다고 믿고 달려왔다. 그 결과 우리나라가 물질적인 풍요를 누리고 사는 건 맞다. 한데, 주위에 행복해하는 사람이 드물다. 이 현상을 어떻게 설명해야 할까. 살아 보니 행복해지는데 물질이 다가 아님을 알겠다. 먹을거리가 풍부한데도 고독사가 늘고 있지 않은가. 이건 신앙처럼 믿어온 돈에 대한 가치를 뒤엎는 사건이다.

세월의 흐름 앞에 그 어느 것도 변하지 않는 건 없다. 변화된 작금의 사회상을 보면 알 수 있다. 시대 흐름의 선발주자인 젊은 층은 AI 기기의 알고리즘을 습득, 물 만난 고기처럼 새로운 삶을 확장해 간다. 대비 못한 노년층은 못 가진 것 하나가 더 크게 느껴져 소외감을 부풀린다.

MZ세대, 고학력에 모바일 기기 이용이 능하고, 더불어 살기보다는 혼자 사는 걸 선호한다. 혼술 혼밥이 자연스럽다. 어른의 충고는 '노땡큐!' 충고 없이도 모든 문제는 스스로 해결한다. 폰 하나면 끝이다. 이런 상황이니 선발주자인 젊은이들이 노인을 품어주지 않으면 틈은 점점 벌어지기 마련이지만, 품어줄 기미는 보이지 않는다. 그들은 무수한 신조어를 낳고 늙은 세대는 들어도 알 수 없는 언어유희를 즐겨 멀미가 난다. 세대 간

양극화란 말이 일상어가 되었다. 같은 나라 사람끼리 소통이 어려워 도심 속 섬이 되어버린 독거노인들, 더 살아봐야 캄캄한 밤일 것 같아 생명줄을 놓는 것은 아닌지.

전쟁 전후세대들, 폐허 속에서 후손들에게만큼은 가난을 대물림하지 않기 위해 주린 배 움켜쥐고 자식 바라기로 산 세대다. 늙으면 당연히 자식들의 보호 아래 살 줄 믿었던 마지막 세대이기도 하다. 한데 '당연히'라는 말이 설 자리가 없다. 시대의 질서는 그들의 믿음을 뽑아버렸다. 설문 조사에 응답한 젊은이들은 이 시대의 실세답게 부모는 국가가 책임져야 한다고 말하는 데 주저하지 않는다.

그게 내 주위에서 현실로 드러나고 있다. 우리 통로 5층 할아버지와 옆 동에 사는 할머니도 국가의 도움으로 살아가고 있다. 자식은 있지만 자신들의 생계를 꾸려야 하니 어쩔 수 없다는 그들의 변명은 확실한 면죄부가 되고 있다. 노세대는 부모 봉양이 당연했지, 가려 모시지 않았는데도 말이다. 설 자리가 없으니 아날로그 시대를 그리워하는 건 인지상정이다.

아날로그 시대를 그리워하면 꼰대라고 한다. 노인은 추억을 먹고 산다는 말도 꼰대와 맥이 닿아 있다. 할 일 없는 늙은이가 입력할 능력은 없고, 새로울 것 없는 지난날을 소환해 말하기를 즐기지만 아무도 그 얘기를 들으려는 사람이 없다. 누구나 신제품을 선호하듯 얘기도 지난 얘기가 아닌 새로운 얘기 듣기를 좋아한다.

　삶을 변화시키려면 얼마든지 방법은 있다. 내가 삶의 주체가 되어야 한다. 삶의 주체가 된다는 건 구습에 머물지 않고 새로운 방향성을 갖는 일이다. 우리 부부도 주위의 문화시설을 애용하면서 새로운 삶을 받아 들여 삶의 방향을 찾았다. 사회를 회색빛으로 볼 일만은 아니다.

　주위에서 자식 도움 없이 혼자 살지만 끄떡없이 살고 있는 분들이 있다. 매일 그 집 앞, 상냥한 아가씨가 문을 두드린다. 주간 보호센터에서 나온 도우미다. 지팡이에 의지해 사시는 분이 자식 도움 없이 국가가 제공하는 주간 놀이방과 요양보호사의 도움을 받아 사시지만 표정이 밝다. " 그곳에 다니시니 즐거우세요?" 했더니 그렇단다. 이건 남의 일이 아닌 미래의 나의 삶이다. 다행인 건 노인들의 의식도 빠르게 변해가고 있다. 얼마 전까지만 해도 시설 입소를 고려장이라고 거부하던 노인들이 긍정의 반응을 보인다. 내 삶은 내가 책임져야 한다는 의견이 지배적이다.

　삶이란 살아 움직이는 생명체, 우리는 그 변화의 물결 속에서 있다. 후손들의 대접에 연연할 게 아니라 필요한 건 배워 내 삶은 내가 책임져야 한다. 그런 자세로 살면 외로울 틈이 없을 것 같다. 외로움으로 저세상을 택했다는 소식은 다시 없기를 기대하는 마음이다.

바닥집

　남편은 가끔 말기암 환자인 친구의 병원행 픽업을 자진해서 하고 있다. 남편 성격으로 보아 이해 가는 부분이 없지 않다. 자기와 가까운 사람이 어려움을 겪으면 가만히 있지 못하는 사람이다.

　병원에 다녀온 날이면 얼굴이 편치 않다. 친구 부인이 투병 중인 남편을 혼자 두고 자기 계발을 위해 공부하고 친구들과 어울려 운동하러 다니는 게 마뜩잖아서다. 마치 친구가 아닌 자기가 당한 것 같은 모습이다.

　내심 나의 호응을 바라는 눈치인데, 선뜻 그 말에 만족스러운 대답을 못했다. 긴병에 효자 없다고 하루 이틀도 아니고, 어찌 온종일 환자 곁을 지키고 있을 수 있을까. 그 부인도 자신이 건강해야 남편을 돌볼 수 있다는 생각에서 그런 것이리라. 오히려 과민 반응을 보이는 남편의 마음이 더 걱정스러웠다.

이 상황은 미구에 나에게 닥칠 수도 있다. 그때도 남편이 저런 마음이면 어쩌나. 집안 분위기가 가라앉은 때일수록 밝은 분위기를 만들어 평소와 다름없이 움직이는 게 피차 편할 것 같은데 남편은 그렇지 않은가 보다. "부인도 숨 쉴 틈은 있어야죠. 그래야 지치지 않고 병간호를 잘할 것 아니에요." 했더니 아무 말이 없다.

내 생각이 옳았다는 걸 확인한 것은, 병세가 호전되었을 때 그 부부와 같이 밥 먹는 자리에서였다. 부인의 남편 챙기는 모습이 살뜰하기 그지없었다. 누구에게나 붙임성이 있는 부인은 아픈 남편 돌보는 사람 같지 않게 밝았다. 이런 모습이 남편에게는 거슬렸던 모양이다.

집에 돌아와 남편에게 "부인의 처신에 입 댈 이유를 찾지 못했다. 앓는 사람답지 않게 부부 사이에 흐르는 분위기가 편안해 보여 보기 좋았다. 더 어찌해 줘야 하느냐?"고 다그치듯 물었더니 대답이 없었다. 평소에 부인의 돌봄이 소홀했다면 그녀의 남편 표정이 그리 밝을 수 있을까. 그들이 편해 보이는 건 부인이 자신이 채워야 할 바닥짐 역할을 신실히 하고 있다는 방증이다.

'바닥짐'은 항해하는 배의 균형을 잡기 위해 배의 바닥에 채우는 평형수를 이름이다. 노후의 부부일수록 평형수의 역할이 중요하다. 자식들을 내보내고 둘만 남으면 의지할 곳이 배우자밖에 없지 않은가. 누가 말하지 않아도 어느 한쪽이 기울면 다른 한쪽이 받쳐주어 균형을 잡아 살아가는 게 부부의 전형이다. 위급한 상황임에야 말해 무엇할까.

젊은 시절, 나도 남편과 가치관 차이에서 오는 불균형을 겪었다. 그 고비를 넘기기가 힘들었지만 갈라서지 않은 건 어머니의 말씀이 걸려서였다. 한번 혼인하면 그 집 귀신이 되어야 한다는. 그건 내가 감당해야 할 바닥짐을 성실하게 지라는 강다짐이기도 했다. 견해 차이로 고통스러울 때가 많았지만 그때마다 그 고비를 묵묵히 참아 균형을 이룬 건 어머니의 '그 집 귀신이 되어야 한다'는 말 한마디였다.

부부란 한배를 타고 항해하며 균형을 잡는 짝이다. 어느 한쪽이 부실하면 그 배는 평형을 이룰 수가 없다. 퇴직 후가 고비였다. 처음엔 감사하는 마음으로 배려를 아끼지 않았다. 남편은 꼼짝 않고 손 놓고 있었다. 점점 가슴에 치받는 게 있었다.

어느날, "나도 지금까지 놀고 있었던 것 아니었다. 한데 이건 아니지 않으냐? 한 가족이면 집안일도 형평성에 맞아야 한다."

고 남편을 다그쳤다.

비상등이 깜박거림을 감지한 걸까. 손 놓고 입만 들고 있던 사람이 변화를 보였다. 처음엔 분리수거만 하더니 지금은 저녁밥, 빨래까지 확실하게 한다. 김치찌개 끓이는 손맛은 나보다 한 수 윗길이다. 만족스럽진 않치만, 꼬였던 속이 반분은 풀렸다. 그렇다고 남편을 손아랫 사람 부리듯 하지는 않는다. 시간이 허락되는 한 남편 손 빌리지 않고 내가 처리한다. 우리는 그렇게 역할 분담으로 갈등을 잠재웠다.

살아있는 사람이면 어떤 형태로든 져야 할 바닥짐이 있다. 사회에서건 가정에서건 한쪽이 부실할 때 다른 한쪽이 채워주어야 평형을 이룰 수 있다. 남편이 계속 나의 요구를 외면했다면 가정의 평화가 있을까?

어느 책에서 읽은 글이다.

"사람을 가리키는 한자인 人은 두 사람이 등을 맞댄 형상이다. 나와 등을 맞댄 사람을 내치면 나도 넘어지는 것이 人의 이치다. 등을 맞대고 살아가는 것이 바로 사람이다."

사람 人자가 보여주듯 내가 지고 갈 짐이 없을 때 가장 위험한 순간이라는 말의 의미를 알 것 같다.

친구 부인의 마음을 헤아리게 된다. 병든 남편을 지켜보는 두려움이 얼마나 클지. 그녀가 밝게 사는 건 남에게 두려움을 감추기 위한 연막전술인지도 모른다. 그 부부의 바닥짐이 튼실해 보인다.

뉴 식스티의 생존법

 카톡 소리가 오뉴월 무논의 개구리 울음소리처럼 숨이 가빴다. 폰을 열어보니 문학회에서 캠프에 참여할 사람을 모으는 중이었다. 누군가 중구난방으로 이름을 올리기보다 순번대로 이어 붙이기로 하는 게 좋겠다는 의견을 냈다. 회원들은 앞다투어 줄줄이 이름을 올렸다. 나도 이에 뒤질세라 올리려 했지만 커서가 말을 듣지 않았다. 가까이 지내는 젊은 친구의 도움으로 몇 번 시도 끝에 이름을 올렸다.
 새로운 기술 하나 습득했다는 만족감에 취해 있는데 젊은 친구가 득달같이 카톡을 보내왔다.

"쌤, 왜 세 번씩이나 이름을 올렸어요?"

그 말에 서둘러 회원 단체 방에 "제가 폰맹이라 방법을 몰라 저지른 실수이니 봐주이소." 하는 메시지로 입막음부터 했다. 다들 발 빠르게 사이버 세상으로 건너가는데 나만 길을 몰라 질척대는 꼴이라니.

집안에서도 같은 종류의 실수가 잦다. 그런 나에게 남편은 그리 가르쳐 줘도 모르는 걸 보면 머리가 박치인 게 분명하다며 대놓고 면박이다. 그래도 배워야겠다는 생각은 들지 않았다. 이 나이에 새로운 기술을 익혀 무엇에 쓰려고 골 아프게 배우랴 싶었다. 이대로 어찌어찌 생활이 된다면 군말이 필요없는데 해가 거듭될수록 세상 변화의 빠른 속도와 뒷걸음질을 치는 건망증까지 겹쳐 엇박자를 보인다.

앞집 젊은 부부가 사는 문 앞엔 연일 택배가 배달된다. 필요 욕구를 온라인으로 해결해 불편 없이 살고 있다. 정작 온라인 쇼핑이 필요한 늙은 나는 손안에 폰이 있어도 방법을 몰라 발로 뛴다. 언감생심 온라인 쇼핑은 꿈도 못 꾼다. 이 시대에 맞지 않는 사람이라는 자괴감, 도움을 받을 수 있는 자식들이 곁에 있는 것도 아니고 스스로 탈출구를 찾아야 하는데, 차츰 현실 대처 능력이 떨어지고 있다.

유튜브에 들어가 보니 가상 세계의 미아는 나뿐만이 아니었다. 우리나라가 디지털 선진국이라고 하지만 앱을 깔 줄 아는 노인은 18%에 지나지 않는다고 한다. 대부분의 노인층은 통화, 문자만 사용하고 있다는 얘기다. 혹자는 백세 장수 시대라고 좋아들 하지만, 준비 없는 백세 장수가 과연 즐거울 수 있을까.

 밖에 나가 차 한잔 마시기도 쉽지 않은 세상이다. 늘 지나다니는 도로변 찻집도 기계화되어 있어 향이 좋지만, 선뜻 들어서기가 주저된다. 지금은 한 발 더 나가 각종 무인 상가가 늘어나고 있다. 무인 찻집, 무인 라면집, 심지어 무인 옷집까지.

 서울 사는 아들 집에 가서 손주 행동을 보고 놀랐다. 음식점, 주차장, 마트의 상거래에 네 살배기 손주가 계산할 때마다 앞장서서 자기가 하겠다고 나섰다. 늙은 나는 기계 앞에만 서면 몸이 움츠러드는데 어린 손주는 호기심 천국이다.

 현금이 사라지는 세상, 신줏단지 모시듯 하던 돈 지갑은 물 밑으로 가라앉고, 보이지 않는 온라인 상거래가 수면 위로 올라 활개를 친다. 이런 시대에 온라인 홈뱅킹도 할 줄 모르니 세대 격차는 젊고 늙음에 있지 않고 폰맹, 비폰맹에 있는 것 같다. 사실 나도 폰맹이라고 하지만 정확한 표현은 아니다. 내 의지와 상관없이 이슬비에 옷 젖듯 온라인 세상에 물들어 산다. 음식 만들 때, 온라인 강의, 멀리서 사는 자식들과 영상통화 등등. 어차피 세상의 흐름은 내가 싫다고 멈추는 것은 아니지 않은가. 지금 나에게서 AI 기기를 거둬간다면 어찌 살까. 정상적인 삶이 가능하기나 할까.

사람이면 자신의 삶을 책임지려 한다. 나를 책임지려면 이대로는 안 된다. 내일 죽더라도 오늘 시대의 흐름을 받아들여야 한다. 일인 가족 세대가 늘고 있고 보면, 나라고 그런 환경을 비껴가라는 법은 없다. 새 시대 소통의 연결고리인 온라인 세상은 멈출 수 없는 사회 안전망이다.

유튜브를 탐색하다 보니 '뉴 식스티'라는 단어가 눈에 띈다. 능동적이고 적극적인 문화소비 활동을 하는 육십 대 노년층을 이르는 말이란다. 나는 '뉴 세븐티' 세대지만 오십보백보다. 업계에서 왕성한 소비력을 갖춘 노인 세대를 사로잡아야 한다고 할 정도면 이미 노년층도 모바일 쇼핑을 즐기고 있다는 얘기다. 사회는 나를 위해 만반의 준비를 하고 있는데 그간 덜떨어진 생각에 갇혀 기술 습득에 게을렀다.

대형 마트 문화교실 입구에 구미가 당기는 광고문구가 걸렸다. 시니어를 위한 AI 교육 프로그램 이수할 회원을 모집한다는 광고다. 이 시대를 건강하게 살아가려면 사이버 생활화는 선택사항이 아니다. 잠자고 밥 먹는 것만큼 당연한 일상사다. 뒤늦은 깨달음으로 발걸음이 바쁘다.

말 걸어줘서 고맙소

우리 집은 재래시장 근처다. 집을 들고 날 때마다 시장을 거쳐 오는 게 오랜 습관이 되었다. 물론 과일이나 푸성귀를 사기 위한 걸음이지만, 그게 아니라도 그냥 들러온다. 굳이 이유를 들자면, 활기찬 삶의 현장에서 날것 같은 사람 냄새를 맡고 싶어서다.

한데, 시장에 나 같은 분이 한 분 더 있다. 지팡이와 한몸이 되어야 겨우 운신하시는 할머니다. 할머니를 처음 눈여겨보게 된 건 시장 바로 옆 아파트 쉼터였다. 쉼터에서 주위에 사는 노인 서너 분이 한가로이 담소를 즐기시곤 하셨다. 그 모습이 마치 시골 마을 정자나무 밑 어르신들 모습처럼 정겨워 보였다. 어느 날, 아파트 관리소에서 외인의 출입을 막아 그 모습을 볼 수 없게 되어 아쉬움이 컸다.

며칠 지나지 않아 몸이 불편한 할머니가 시장에 나타났다. 놀 자리를 찾아 나온 것이리라. 할머니는 평생 해녀로 물질을 해 다섯 자식을 건사했지만, 늙고 병든 어머니를 돌보는 자식 하나 없다고 했다. 오늘은 운 좋게 노점상 옆 빈 의자가 있어 앉아계시지만, 다음날은 어디로 가실지. 시장에 나와봐야 말 붙일 벗 하나 없다. 그래도 빈집보다는 사람이 있는 시장이 좋은 것이다.

그 후, 시장 후미진 곳에 앉아 있거나 길에서 마주칠 때도 있었다. "어딜 가세요?" 하고 물으면 갑갑해서 그냥 나왔다고 한다. 안부 묻고 돌아서려 할 때 할머니가 잊지 않고 건네는 말이 있다. "내게 말 걸어줘서 고맙소!"이다. 그냥 지나치지 못하는 건 그 말 한마디의 무게 때문이다. 경험이 없어 외로움의 깊이를 다 안다고는 할 수 없지만, 그 한마디 말의 무게가 천근의 무게로 다가왔다.

설날, 성당 다니는 지름길을 두고 텅 빈 시장통을 걷고 싶어 시장에 들어섰다. 시장 중심길을 통과하다가 골목 어귀에서 할머니를 만났다. 오늘은 혼자가 아니었다. 후덕해 보이는 중년

부인이 차에서 내리는 할머니를 모시고 있었다. 설이라 가족이려니 싶었는데 품에 꽃다발이 안겨 있었다. 의아해서 묻는 나에게 부인이, "오늘, 할머니가 교회에 입교했어요." 했다. 그 말을 듣는 순간 내 일처럼 안도의 숨을 몰아쉬었다. 그 어느 때보다 할머니 표정이 밝았다.

그 뒤 일요일, 설끝이라 시장 상가는 더러 전을 펼쳐 놓은 집도 파리만 날릴 뿐, 오가는 사람은 없었다. 그런데 할머니가 문 닫은 상가 평상에 지팡이를 부여잡고 멍한 표정으로 앉아 있었다. 걱정스러웠다. 교회에 입교해 다행이라 여겼는데 그새 마음이 바뀌신 건가. 이 시간이면 교회에 있어야 할 분이 왜 여기 계실까?

가까이 다가가 연유를 물었더니 교회 다녀와서 집에 들어가기가 싫어 곧장 이곳으로 왔다고 하셨다. "집이 싫으세요?" 하니, 집이 싫은 게 아니라 아무도 없는 빈집이 싫다는 것이다. 내 집 따뜻한 방보다 찬바람 속 시장통에 나와야 숨통이 트인다는 할머니, 하긴 넓은 바다가 삶의 터전이었으니 갑갑하기도 하시리라. 시장 바닥을 바다로 착각하신 건 아닐까? 나와 친분이 쌓인 것도 아닌데 평생 함께한 지기처럼 끝없는 하소연이 이어졌다.

"자식들이 일요일엔 빠지지 않고 오는데 오늘은 안 왔다. 아이들도 먹고살라니 안 그렇겠나. 지겨버 지겨버 몬 살겠다. 귀신은 와 나 같은 늙은이를 안 잡아가노."

노인의 차진 넋두리가 나를 따라오는 듯 뇌리에서 맴돌았다.

할머니는 그 와중에도 돌보지 않는 자식들이 욕들어 먹을까봐 포장하기에 바빴다. 그 자식들, 명절이라도 함께 보내면 좋으련만…. 말이 길어질 것 같아 주춤주춤 돌아서자 잊지 않고 "나에게 말 걸어줘서 고맙소." 하셨다.

유병장수시대, 외로움에 내몰린 노인들이 늘고 있다. 피할 수 없는 그 간극을 어떻게 살아낼까. 젊은이들은 핸드폰만으로도 삶의 행간을 심심하지 않게 풀어낼 수 있다. 노인 세대는 다르다. 찾는 사람도 없지만 기기 활용이 어두우니 사람과의 만남, 소통에서 삶의 의미를 찾는다. 최소한의 호구지책은 국가가 해결해 준다지만, 인생살이가 먹고 사는 게 다가 아니다. 마음 밑바닥에서 소리 없이 일어나는 공허는 누가 책임질 것인가.

누굴 믿지도 의지하지도 말고 스스로 대비책을 마련해야 한다. 견뎌낼 수 있는 강한 마음이다. 그게 안 될 때는 노후의 삶에 치명적인 아킬레스건이 될 수 있다. 할머니가 그 본보기다. 몸이 늙고 병들면 가장 가까운 사람, 하물며 내 속에서 나온 자식들마저 멀어진다는 사실을 새겨 볼 일이다.

잉여 인간의 넋두리

철 안 든 아기도 젊고 늙음은 알아보는 걸까. 아들 가족이 집에 내려온 날 손자의 행동에서 그걸 느꼈다. 둘째 손주가 집 안에 들어서자마자 나를 보더니 으앙 울음보를 터뜨렸다. 너무 귀여워 내미는 할미 손이 무색하게 등을 보이니 오랜만에 보는 손주지만 안아볼 수조차 없었다.

옆에 사는 조카가 아이들을 보기 위해 와 있었다. 아기는 조카와 일면식이 없는데도 낯을 가리지 않고 스스럼없이 품에 안겼다. 아직 인식 체계가 바로 서 있지 않은 순백의 아기인데도.

손주들과 키즈카페를 찾았다. 가는 곳마다 대부분 유료 시설이었는데 노인은 무료였다. 쌈짓돈이 굳어 좋다 싶으면서도 노인은 공짜라고 하니 배부른 푸념이 불뚝거렸다. 늙은이는 사람이 아닌가. 지하철을 타도 상황은 마찬가지다. 젊은 시절엔 빈자리가 있나 눈을 희번덕거리던 내가 정작 몸이 늙어 경로석이 필요한데도 그 자리를 피하게 된다.

얼마 전까지만 해도 단체 소속으로 자잘한 봉사활동을 꾸준히 해 왔다. 그마저 괴질에 의한 지자체 체제 개편으로 손을 놓고 말았다. 지금은 젊은 사람으로 채워져 늙은 내가 넘볼 수 없는 자리가 되어 있다. 내가 없어도 아쉬워할 사람 없는 세상, 편해서 좋다 싶으면서도 마음에 차오르는 이 허무의 정체는 무엇일까.

더러 직장 고위직 퇴직자가 일선에서 경비 일을 하는 걸 보았다. 그들은 일을 갖는 이유가 하나같이 돈이 궁해서가 아니라 일이 필요해서라고 했다. 그들의 말이 절실하게 와닿는다. 사람이 살아가는 데 몸을 움직여 할 일이 있다는 건 축복이다. 일할 때 활력이 살아나고 살맛도 난다. 허나, 현실은 일하고 싶다고 아무나 써주는 것은 아니다. 한 살이라도 젊은 사람에게 기회가 돌아간다. 하긴 시든 꽃보다 싱싱한 꽃에 마음이 가는 건 인지상정, 그런 현실이 노인들을 기죽게 한다.

울산 부산 간 경전철이 생겼는데 노인은 무료라고 했다. 옆지기가 구경삼아 가보자는 말에 "시간 맞춰 자갈치 시장 구경 한번 가봅시다." 하곤 아직이다. 약속은 했지만 노인 무료 승차여서 사람이 연일 만원 사태를 빚고 있다고 하니 가고 싶던 욕구가 싹 가셨다. 시간이 남아돌아도 할 일 없는 노인들의 을씨년스러운 꽃놀이에 가세하고 싶은 마음은 없다. 하나같이 쭈그러진 얼굴에 생기 잃은 눈빛, 일부러 찾아가 김 뺄 일이 무엇인가 싶었다.

내 몸은 내가 봐도 갈 데 없는 노인이다. 내 나이에 내가 놀란다. 한데도 노인임을 인정하기가 싫어 나라에서 배려하는 노인우대정책에도 고마워할 줄을 모른다. 엉뚱한 생각이 고개를 든다. 골동품은 오래된 것일수록 몸값이 올라간다. 일각에선 일부러 빈티지를 찾아다니는 마니아 층도 형성되어 있다. 한낱 사물도 오래되면 귀한 대접을 받는데 오랜 세월 만물의 영장이라고 일컬어 온 사람 대접은 왜 이런가. 이대로라면 여생이 그리 밝지만은 않을 것 같다.

어린 시절, 어른의 말씀이 곧 법이었다. 지금도 나에게는 어머니의 잔소리가 새록새록 살아나 세상을 살아내는 나침반이 되고 있다. 허나 휴대전화 하나면 끝인 요즘 젊은이들에게 케케묵은 노인의 경륜이 무슨 소용일까. 늙음에 당당함이 없고 소외감이 드는 세상이라면 백 세 장수 시대를 반길 노인은 없지 싶다.

 삶의 변화에 따라 물이 담기는 건 만고의 진리, 현재의 자리가 위태롭게 느껴진다면 그 자리를 감당할 여력이 없음을 이름이다. 앎에 밀리고 속도에 밀리는 번외자들이 설 자리는 어디인가. 그런 나를 비웃기라도 하듯 무심한 세월은 '나이만 들었다고 어른이 아니야. 어른답게 현실 대처 능력이 있어야 어른이지.' 일갈한다.

 어른은 생물학적 나이로 결정짓는 게 아닌 것 같다. 노인은 나이 든 사람이면 누구에게나 주어지는 호칭이고, 어른은 비록 앎은 부족해도 어른다운 인품을 지닌 인격체를 이름인 것 같다. 세상이 말세라고 하지만 아직도 노소 막론하고 존경받는 사람은 있기 마련이다. 존재감은 누가 만들어 주는 것이 아닌 내 스스로 키워가는 것, 삶의 방향성인 목적을 세워 무던히 정진하는 수밖에.

기후 우울증

삼한 사온이 사라진 요즘, 때맞추어 '기후 변화가 우리의 미래'라는 강의를 들었다. 강사는 기후가 이리 강퍅해진 건 우리가 막 살아서 불러온 위기라고 했다. 늘 들어온 식상한 얘긴데 요즘 기온 변이가 하 수상해 아픈 살을 꼬집힌 기분이었다. 올해는 6월 기온이 30도를 넘어섰다. 한데 올여름이 가장 시원한 여름이 될 거라고 한다.

9월의 끝자락, 작년보다 열대야가 9일 길어졌다는 뉴스를 들었다. 이 또한 가장 짧은 열대야가 될 것이다. 당연히 푸른 하늘에 삽상한 가을바람이 불어야 제격인데 기상 상태는 계절감을 잃은 듯 창밖은 장마 같은 습한 기온에 간헐적인 비가 찔끔거린다. 하루가 다르게 변해가는 지구를 보면 암담하다. 한쪽에서는 가뭄, 한쪽에서는 폭우, 당연한 듯 이어지는 천둥번개로 지구가 몸살을 앓고 있다. 몸에 걸린 고뿔이라면 간단한 약 처방으로 효과를 볼 수 있지만 자연이 병들면 대안이 없다. 우주 개발, 기발한 방법이긴 하나 실용 단계가 요원하니 그 간극을 어찌 메꿔야 할까. 또 우주 개발이 코앞이라도 가진 자의 담론일 뿐 빈곤층은 그림의 떡이 아닐까.

지구가 이 지경이 되도록 우리는 무엇을 하고 있었나. 성과 위주의 삶, 편의만 쫓다가 자연이 돌아올 수 없는 길로 빠져드는 걸 방치했다. 아니다. 여러 채널을 통해 지구 위기를 부르짖었지만, 편리한 삶에 길든 대다수 사람은 나만 이런다고 해결될 일이 아니라는 안일한 생각에 빠져있었다.

그 과보가 이리 빨리 도래할 줄은 몰랐다. 계절 경계가 두렷한 우리나라의 삼한 사온은 옛말이다. 열대, 몬순 혼합 형태의 후덥지근한 기후로 바뀌어 열대야가 기록을 경신하고 있다. 열사자가 연이어 발생하고 있다. 외로움을 못 이겨 고독사했다는 소식과 열사했다는 소식은 같은 죽음이라도 차원이 다르다. 내 선택이 아닌, 우리가 자연에 폭력을 가한 편의 위주의 삶이 양산한 결과이기 때문이다.

누구나 체감하고 있겠지만 올해 모기 개체수가 심각하게 늘었다. 한밤중 모기와의 전쟁은 그렇다 쳐도 온갖 질병을 옮기는 해충이니 좌시할 수도 없는 일, 한데 앞으로 모기의 개체수는 더 늘 거라는 전망이다.

그것으로 끝이면 얼마나 좋을까. 현재 식자재 수확량은 줄고 물가는 천정부지로 뛰고 있다. 밀, 사과, 각종 식료품도 수확량이 줄고 있다. 바닷물 기온 상승으로 친숙하던 오징어, 명태가 자취를 감춘 지 오래다. 누구나 좋아하는 사과 수확량이 작년에 비해 30퍼센트가 줄었다고 한다.

우리나라는 농산물 수입국이다. 수출국에서 변고가 생겨 문을 닫는 날이면 식료품값 폭등은 불을 보듯 뻔한 일, 어찌 살 것인가. 우리 세대는 얼마 남지 않은 여생, 그럭저럭 살아지겠지만 후손들을 생각하면 막막하다.

한참 손이 많이 가는 아이 둘을 키우는 며느리의 휴지 쓰는 인심이 후했다. 자식들 삶에 감 놔라 배 놔라 하지 않는 걸 불문율로 삼고 있지만 자연 보호 건은 간과할 수 없었다. 집에 내려온 아들 내외를 붙들고 당부했다. 물휴지나 휴지 사용량을 줄이라고. 고맙게도 이번 휴가에는 물휴지를 들고 오지 않았다. 좀 불편해서 그렇지 줄일 수 있는 부분이 있다면 줄여야 한다. 물티슈 수명이 백 년을 넘는다고 하지 않던가. 내가 다니는 기관에서는 매주 '생태환경 실천하기' 광고가 올라온다. 개인 텀블러 사용, 휴지 대신 손수건 사용하기, 냉방 온도 2도 올리기 등, 밤 모임 할 때 실천 사례를 보고하고 있다.

그 영향을 받아 나도 외출할 때면 언제나 개인 컵부터 챙긴다. 비닐봉지 재활용은 물론 분리수거할 때 각종 소포 포장 비닐 제거, 상품에 붙은 상표도 일삼아 뜯어내고 검은 비닐봉지 오물, 물기 제거 등. 시장 갈 때 시장바구니 챙기는 건 기본이다. 기관에서 내보내는 홍보가 나의 행동을 끌어내듯, 작은 행동 하나라도 실천한다면 환경 지킴이의 초석이 되지 않을까.

코로나 시절, 개인 텀블러 소지가 늘어 다행으로 여겼다. 코로나가 한풀 꺾이자 언제 그랬냐는 듯 도로변 찻집 앞에 줄 서는 사람들이 등장해 눈살을 찌푸리게 했다. 한데, 코로나가 다시 바이러스까지 대동하고 출몰하여 마스크를 써야 한다고 한다. 오랜만에 외국 가족여행 스케줄이 잡혀 있는데 망설여진다. 가야 할지 말아야 할지. 우리도 노인이고, 아직 손주들이 어리니.

상처가 난 곳은 우리 손으로 메워야 한다. 또랑또랑한 손주의 눈망울을 생각하면 손 놓고 있을 수 없다. 오늘도 내 외출 가방엔 개인 컵이 준비되어 있다. 어딜 가나 정수기가 마련되어 있어 힘든 일도 아니다. 이 작은 행동이 모여 기후 우울증이 다소 해소된다면 못 할 게 무엇인가.

제5부

고래마을 장생포

고래가 우리에게 꿈과 희망을 안겨주는 상징물이 되는 것은
누구나 인정하고 있는 사실이다. 고래의 삶이 그걸 말해주고 있다.

- 고래마을 장생포
- 슬로시티 청산도
- 화순 문화 기행
- 두 다리 성해 걸을 수 있을 때까지
- 어느 가수에 대한 변명
- 프로는 다르다
- 하산길

고래마을 장생포

 '고래' 하면 흔히들 꿈과 희망을 상징한다고 한다. 그래서인지 나도 가수 송창식이 부른 '고래 사냥'을 듣노라면 꿈을 찾아 나서야 할 것 같은 충동이 인다. 한때 운동 경기장에서 고래 사냥이 떼창으로 불렸던 것도 그 끝에 승리의 달콤한 꿈이 걸려 있다고 생각하기 때문은 아닐까.
 울산은 어느 지역보다도 고래와의 인연이 깊다. 일찍이 신석기 시대 유물인 언양읍 대곡리 반구대 암각화 '국보 208호'에 고래 사냥 장면이 새겨져 있다. 지구에 셀 수 없는 생물들이 많아도 유구한 역사의 흐름 속에서 불필요한 생물은 도태되고, 필요한 생물들만 살아남는다. 그리 보면 고래는 오랜 세월 인간과 생을 함께한, 지금도 우리에게 꿈과 희망을 안겨주는 신비스러운 영물임이 틀림없다.

조선시대 후반(1891년) 러시아의 황태자가 장생포에 포경회사를 설립했는데 러일 전쟁의 패배로 물러났다. 승리한 일본이 그 뒤를 이어 한반도 포경기지를 재편해 포경산업을 키웠다. 일본이 패망하고 돌아가자, 그 기반 시설을 바탕으로 장생포가 포경산업의 중심기지로 발돋움, 울산 경제의 중심이 되었다. 광복 후 1970년대 말까지 장생포의 고래잡이는 왕성했었다.

호시절도 그리 오래가진 않았다. 1986년, 관에서 동물 보호 차원으로 고래잡이를 금하면서 마을은 쇠퇴의 길에 접어들었다. 일자리를 잃은 사람들이 장생포에 머물 이유가 없어 철새처럼 떠나간 건 물론이다. 울산의 경제 기반이 자동차, 조선, 석유 화학 중심의 중화학 단지로 재편되면서 포경산업은 추억 속에 묻히는가 싶었다.

장생포가 포경산업의 중심이었음을 잊어 갈 즈음, 고래가 다른 모습으로 사람을 불러 모았다. 2015년, 고래문화마을 조성이 그것이다. 고래잡이로 호황을 누렸던 1970년대를 주축으로 문화마을을 조성해 그 시절의 생활상을 재현해 보여주고 있다. 새로운 시대에 고래의 귀환이라 해야 할까.

고래 문화 축제장은 입구부터 범상치가 않다. 관리사무소의 지붕, 안내표지판, 심지어 산의 이정표까지 고래를 형상화해 울산이 고래의 산실임을 대변하고 있다. 문화마을 풍경이 고래 잡이가 왕성했던 1970년대를 그대로 옮겨 온 느낌이다. 미장원이며 책방, 양장점, 이발소, 사진관, DJ 특유의 멘트가 속삭일 것 같은 음악다방, 교실 안 연탄난로며, 그 위에 얹어 놓은 양은 도시락까지. 잠시라도 꿈 많던 소녀 시절로 돌아가 추억 속에 잠긴다.

대부분의 구경꾼이 가족 단위다. 현장을 둘러보며 장년층은 추억에 젖고, 아이들은 꿈과 희망을 키우고 있다. 이렇듯 후손들에게 고래의 꿈을 키워주고 시대의 흐름을 다음 세대에 전해주어 그 자손은 또 새로운 역사를 세워가는 것이리라. 고래 문화마을 기획자 취지는 활력을 잃어가는 주민들에게 고래를 소환해 고래의 꿈을 접목하고 있는지도 모른다.

고래문화마을 해설사 포수의 집에 들어선다. 전직 고래잡이 선장이었던 해설사는 하얀 선장 복색을 깔끔하게 차려입고 유려한 말솜씨로 고래 이미지를 살려내는데 신명이 난다. 부위별로 전시해 놓은 고래고기 코너가 있어 평소에 궁금했던 점을 묻는다. "고래고기의 어느 부위를 먹어야 냄새가 나지 않아요?" 하자 그는 뜬금없이 고향이 어디냐고 묻는다. "전남 진도"

라고 하자 "하, 이해가 쉽겠네. 전라도에서 썩힌 홍어를 경조사의 대표 음식으로 치지만, 그 독특한 냄새가 역해 타지방 사람은 입도 못 댄다. 고래 고기도 마찬가지다. 누린내는 고래 특유의 냄새다. 장생포 사람들은 그 냄새를 못 잊어 고래 고기를 찾는다." 라는 설명이다. 일리 있는 말이다.

포수의 해설을 뒤로한 채 발길을 장생포초등학교 관으로 돌린다. 장생포가 호황을 누렸다는 말은 그냥 하는 말이 아니다. 그 시절 장생포초등학교에 야구부가 활발한 활동을 했다는 것이 이를 뒷받침한다. 그때만 해도 야구는 비싼 장비를 갖춰야 할 수 있기에 경제적인 뒷받침이 없고는 할 수 없는 운동이었다. 멋진 유니폼을 입고 야구 배트를 휘두르는 당사자들에겐 장생포 주민이라는 데 자부심이 컸으리라. 그 시절 이곳은 장생포 교육의 근거지로 중요한 역사적 가치를 지닌 듯하다. 그 학교 출신 유명인들의 활동했던 흔적이 전시관에 살아있다. 이 모든 것이 고래잡이가 호황을 누렸기에 가능한 일이다.

고래조각공원으로 발길을 옮긴다. 오르는 산자락에 수국정원을 조성해 놓아 때맞추어 핀 수국꽃이 한창이다. 수국을 배경으로 실물 크기의 여러 종의 고래조형물이 전시되어 있다. 고래의 종류가 다양하다는 걸 여기 와서 알게 되었다. 대왕고래, 범고래, 귀신고래, 향유고래 등 고래 한 마리 사냥이 부족을 살린다는 말이 허구가 아닐까 싶었는데 그 크기를 보고 인정할 수밖에. 어마어마한 실물 크기의 고래를 보니 수긍이 간다. 해체 장면까지 재현해 보여주고 있다.

고래가 우리에게 꿈과 희망을 안겨주는 상징물이 되는 것은 누구나 인정하고 있는 사실이다. 고래의 삶이 그걸 말해주고 있다. 짙푸른 바다, 거센 파도를 타고 활기차게 뛰어오르는 고래의 군무를 바라보노라면 저절로 꿈이 이루어질 것 같은 활기가 솟는다.

자~~ 떠나자, 고래 잡으러. 신화처럼 숨을 쉬는 고래 잡으러~~.

슬로시티 청산도

모처럼 친구 넷이 한데 뭉쳤다. 청산도에 가기 위해서이다. 우리나라 최초 슬로시티로 등재된 곳이어서일까. 일탈을 꿈꾸기에는 청산도만 한 곳이 없을 것 같아 여행지로 택했다.

슬로시티는 현대 도시의 급속한 발전과 과도한 경쟁, 소비주의에 대한 반성으로 자연생태환경과 전통문화를 지키는 삶을 추구하는 사회 운동이다. 이는 도시의 속도와 경쟁에 의한 스트레스를 줄이고, 사람들이 더 편안하고 즐겁게 살 수 있는 환경을 조성하는 데 목적을 두고 있다.

모처럼의 여행이어서 마음이 한껏 부풀었다. 교통편은 동료가 직접 운전을 맡았다. 점심은 푸른 나무 아래서 도시락으로 해결했다. 시장이 반찬이라고 진수성찬이 따로 없었다.

완도 선착장에 도착하니 기다렸다는 듯 산뜻한 여객선이 우리를 반겼다. 선실 안 바닥이 온돌방처럼 뜨끈해 다섯 시간을 승용차로 달려온 아줌마들의 피로를 푸는 데는 그만이었다. 모두 자리에 누워 뜨끈한 방바닥에 등짝을 지졌다. 배로 50분 거리, 선실에 누워 여행 준비로 설친 잠을 보충하기도 하고, 이야기꽃을 피우다 보니 지루할 틈 없이 목적지에 닿았다.

여행 성수기가 지나 유채꽃과 청보리 축제는 놓쳤지만 아쉬움은 없었다. 외려 관광 성수기를 비켜가 슬로시티의 진면목을 제대로 즐길 수 있었다. 듣던 대로 청산도는 천혜의 자연환경을 자랑하는 휴양지임이 분명했다. 우선 자동차 소음이 들리지 않았다. 농경지가 정리하지 않은 자연 그대로여서 마음마저 여유로웠다. 유채꽃이 진 자리에 뾰족뾰족한 꼬투리와 누렇게 익어 가는 청보리의 대비도 색다른 볼거리였다. 우리는 청산도에 발을 들여놓는 순간부터 슬로시티의 주민이 되어 달팽이 걸음으로 어슬렁어슬렁 느림의 여유에 빠져들었다.

들판 한가득 유채 꼬투리와 청보리가 맑은 햇살에 영글고 푸른 바다에 한가로이 떠가는 고깃배, 주거지 가까이에 석축 없이 써놓은 묏등의 초록 봉분에서도 평화로움이 감돌았다. 잘

손질된 봉분에서 훼손되지 않은 후손의 효심이 느껴졌다. 차가 많지 않다 보니 도로 사정도 급할 게 없다. 누런 보리밭 둔덕에 지천으로 익어가는 빨간 보리딸을 한 웅큼 따서 친구에게 건네기도 하고, 내 입에도 털어 넣으며 그 옛날 어린 시절을 소환하기도 했다.

군것질거리가 없던 시절, 보리 베는 엄마 따라 밭에 가면 밭 둔덕에서 나를 기다렸다는 듯 소리 없이 보리딸이 익어갔다. 가시덩굴에 엎드려 새콤달콤한 딸기를 따먹는 맛에 지루함도 몰랐다. 지금 우리가 그 추억을 재현하고 있다. 과거와 현재를 아우르는 천연의 선물, 이보다 더 좋은 간식거리가 어디 있을까.

청산도엔 밭두렁이 돌담인 게 특징이다. 평지가 아닌 경사진 자갈밭이어서 논밭에서 골라낸 돌을 가장자리에 쌓다 보니 저절로 돌담이 만들어졌다고 한다. 돌이 오죽 많았으면 물을 가두기 위해 구들장 논까지 생겨났을까. '구들장 논'은 논에 물 빠짐을 방지하기 위해 온돌방의 구들장 구조를 활용한 것이라 한다. 논 농사짓기에는 열악한 땅, 쌀 한 톨을 얻기 위한 섬 주민들의 삶이 보이듯 눈에 선했다. 구들장 논은 유네스코 세계문화유산으로 등재 받기 위해 올려놓은 상태란다. 어려운 시절 삶의 현장이 관광자원으로 탈바꿈, 현지인들의 소득원이 되고 있다니 열악한 환경을 비관할 일만 아니다.

당리 서편제 길로 향한다. 영화 '서편제'의 산실답게 풍류가 흐른다. 소리꾼 유봉과 송화 부녀의 애절한 진도아리랑이 길을 걷는 내내 우리의 마음을 아릿하게 한다. 분위기에 취해 누가 먼저랄 것도 없이 진도아리랑을 따라 목청을 돋운다. 이 섬은 육이오 사변 때 진도 사람들이 난을 피해 많이 이주해 와 정착했다고 한다. 고향을 떠나 진도아리랑을 부르며 시련을 삭였을 풀뿌리 민초들, 서편제 영화 촬영지로 낙점한 까닭은 아픔을 딛고 일어선 유봉과 송화의 애절한 삶에서 찾을 수 있지 않을까.

잔잔히 흐르는 진도아리랑 선율이 한 맺힌 조상들의 하소연 같아 마음이 절절하다. 노점에서 마늘 순을 파는 할머니의 진한 진도 사투리가 부드럽게 와 닿는다. 같은 고향 사람만이 느낄 수 있는 동질감이랄까. 처음 만난 우리에게 남도의 육자배기 사설을 풀어내듯 당신의 아픈 삶을 풀어내는 노인, 그 모습이 안쓰러워 일행이 두 분 할머니의 채소를 몽땅 사줬다. 여행지에서 어쩌려고.

슬로시티의 마스코트가 달팽이다. 집을 지고 안테나의 촉을 세워 천천히 먹이를 찾아 이동하는 달팽이, 집을 지닌다는 것은 책임이 따른다는 말이다. 생각에 따라 등에 진 짐이 무거울 수도 가벼울 수도 있다. 그러고 보면 좋다고 호들갑을 떨 일도, 슬프다고 통곡할 일도 아니다. 달팽이처럼 느린 걸음으로 쉬엄쉬엄 가다 보면 고통도 삶의 필요한 과정으로 느껴지지 않을까. 어차피 인생살이는 넘고 넘는 고갯길이니.

달팽이집을 등에 지고 묵묵히 살고 있는 섬 주민들. 이곳에서 경쟁이라든가 속도라는 언어는 어울리지 않는다. 평지와 다름없는 산과 들, 섬을 둘러싸고 있는 드넓은 바다. 돌담과 오솔길, 다랑논, 정리되지 않은 농경지가 천혜의 자원이다.

그 속을 달팽이 걸음으로 어슬렁거리며 걷다 보니 시간을 잊었다. 아쉬움이 남지만, 속도의 세상 속으로 돌아갈 시간이다. 잠시나마 맛보았던 느린 삶의 여유, 힘들고 지칠 때 다시 찾아오리라 다짐해 본다.

화순 문화 기행

이른 아침, 태화강 하부도로 주차장이 사람들로 북적인다. 괴질에 발이 묶여 개점 휴업 상태였던 버스들이 손님을 빨아들여 떠나는 모습에 활기가 넘친다. 다들 밝은 표정이다. 나도 '울산문화아카데미 답사'라는 명패가 붙은 리무진에 오른다.

일상 탈출! 여행이란 이래서 즐거운 것 아닐까. 낯선 사람 속인데도 왠지 모를 안도감과 여행지에 대한 기대로 마음은 구름 위를 떠가는 기분이다. 이 답사는 나에게 목적이 있는 여행이다. 문화에 대한 안목을 넓히고자 따라나선 길이다. 답사지는 전남 화순에 자리한 신라시대 사찰 쌍봉사다. 편안한 자리를 골라잡아 앉는다.

　늙은이의 농익은 감수성일까. 예전과 달리 낯가림이 없어져 처음 만난 사람인데도 스스럼이 없다. 차에 오르자마자 집행부에서 김밥과 떡, 물, 간식거리를 한 아름 안긴다. 이게 무슨 호사인가. 여자들이 해외여행을 좋아하는 건 남이 해주는 밥 얻어먹는 재미가 한몫한다더니 지금의 내가 그렇다. 당일 답사인데도 밥 챙길 일 없으니 편하다.

　식사를 마친 후, 수인사하고 안내 책자를 받아 든다. 해설자의 말 한마디라도 땅에 떨어질세라 정신을 집중해 보았지만, 쏟아지는 졸음을 어쩔 수 없다. 안내 책자라도 꼼꼼히 살펴봐야 답사다운 답사가 이루어질 텐데 초장부터 잠에 잠식당한 눈은 내 의지대로 놀지 않는다. 한참 가다 눈을 떠보니 해설은 이미 마무리 단계다. 그나마 다행인 것은 비몽사몽간이라 먼 거리인데도 지루한 줄 모르고 쌍봉사에 다다른다.

　차에서 내리니 절 근처 도로변에 이팝나무꽃이 만개해 가벼운 바람에도 깃발인 양 춤을 춘다. 마치 우리 일행을 반기는 듯하다. 바로 눈에 들어오는 정면 3층 목탑 고건축물이 대웅전이라고 한다. 규모가 작은 사찰이지만 삼층으로 축조되어 있어 이국적인 맛이 난다. 연등 행렬과 싱그러운 숲, 봄꽃의 어우러짐이 무릉도원 한가지다.

이 절은 신라 경문왕(861-876) 때 철감澈鑒 선사 도윤道允 (798-868)이 산세가 수려함을 보고 자신의 호 '쌍봉'을 따서 창건하였다. 정면 1칸, 측면 1칸에 3층 목탑 건물이 어디서도 본 적 없는 독특한 절집이다. 팔작지붕의 탑을 대웅전 전각으로 개조해 사용하였기에 절집이 탑 모양이다.

원래 여기에 있던 건물은 법주사 팔상전과 함께 우리나라 목탑의 원형을 가늠하게 하는 목조 건축물로 보물 제163호로 지정되어 있었다. 한데, 화재로 모두 타버리고 숙종 16년, 경종 4년 세 번째로 중건했다는 기록이 상량문에 남아있다. 팔작지붕을 사모지붕으로 바꾼 것도 수리할 때 사모지붕인 것이 확인되었기 때문이다. 다행히 대웅전 안에 모셔진 석가 삼존불과 동국 지체풍 현판 글씨는 불 속에서 구해내어 지금도 원형 그대로 남아있다. 눈으로 들어오는 외양의 아름다움에 취해 여행의 본질을 잊어 갈 즈음, 대웅전 안에 모셔진 석가 삼존불에서 풍기는 절집 특유의 웅혼함이 마음을 일깨운다. 역사가 짧지 않은 만큼 숱한 우여곡절에도 쌍봉사가 이 자리에 건재해 있다는 게 감회가 새롭다.

대웅전 뒤편 대숲을 감돌아 비탈길을 오르니 단아하고 아름다운 부도가 눈길을 끈다. 철감선사의 부도다. 전형적인 통일신라 팔각원당형 석조 부도로 우리나라 전 시대에 걸쳐 첫손에

꼽히는 대표적인 부도라 한다. 선조들의 예술혼에 취해 한참을 머무른다. 이뿐만 아니라 주위 곳곳에 귀한 문화재가 산재해 있으나 답사 초보의 짧은 식견으로는 다 담아내지 못함이 못내 아쉬움으로 남는다.

사실 나는 사찰에 대해 이해가 깊지 않다. 사찰 분위기가 좋아 종종 바람 쐬러 다닐 뿐, 깊은 관심을 두고 살펴본 적이 없다. 뒤늦게 불교에 관심 두게 된 건 종교에 대한 강의를 들으면서부터다. 궁극적으로 어느 종교든 종교가 표방하는 가치는 같다고 생각한다.

많은 종교 가운데 불교는 인연, 자비를 강조한다. 모든 존재는 인연에 의해 생겼다가 인연에 의해 멸한다는 심오한 가르침이다. 어느 종교인이든 살아가면서 인연을 피해 갈 수 없다. 이 여행도 인연의 연장선에 있다. 생각을 달리하니 무심한 돌부처 하나에도 정감이 간다. 내가 이 사찰을 찾은 것도 그렇고. 귀한 인연으로 사찰 문화재 하나하나에 관심을 쏟은 것만으로도 답사의 소득은 크다.

돌아오는 차 안, 다들 여기에서 만난 낯선 사람들이지만, 오래전부터 알던 사이처럼 살갑다. 어느 분은 직업이 의사라고 했다. 자신이 이 단체에 나오고 있는 건 사람을 만나는 게 좋아서란다. 늘 환자를 만나니 사람이 그리울 리 없지만, 목적이 있는 만남이 아닌 자연인으로서의 만남을 말하는 것이리라.

노래를 한 곡 청하자 클래식을 하겠다고 한다. '생뚱맞게 관광차에서 무슨 클래식? 분위기 파악 못 하는 위인이군.' 했는데 그게 아니다. 부르는 노래가 한 번도 들어본 적 없는 산골 노인이 불렀음직한 농요다. 구성진 가락에 분위기가 받쳐주니 장단 없이도 술술 넘어간다. 역시 고전은 고전이다. 기독교인인 그가 절 답사에 나온 걸 보면 편견 없는 자유로운 영혼의 소유자로 보인다.

성숙한 분위기에서 수준(?) 있는 노래를 들으니, 기분마저 업된다. 세월의 흐름 속에 변하지 않는 게 있을까. 우리는 가파르게 변화하는 세상 속에서 사람이기에 더 귀한 가치를 배우고 계승하려 노력한다. 비록 오늘 기행이 나의 무지로 답사의 참뜻을 담아내지 못하지만, 인연의 중요성을 깊이 깨달은 것만으로도 소득이 크다.

두 다리 성해 걸을 수 있을 때까지

열흘 붉은 꽃 없다더니 극성이던 괴질이 약세로 돌아섰다. 묶여있던 관광 규제가 풀리자, 고향에서 동창회를 개최할 예정이니 참석하라는 문자가 왔다. '걸음 걸을 수 있을 때 만나자'는 회장의 동기부여가 설득력이 있었다.

타향에 뿌리내리고 산 지 오십여 년 가까워 간다. 가족이 다 떠나고 없는 고향이라 연결고리는 동창들밖에 없다. 여태는 이런저런 이유로 참석하지 않았다. 가지 않을 것 탈퇴하면 그만인데 그러지도 못했다. 그렇게라도 고향 친구와의 연결고리는 남겨두고 싶었다.

머지않은 장래에 삶의 종착역에서 죽음과 맞설 것이다. 그때 걸, 걸하며 떠나는 건 내가 바라는 삶이 아니다. 운신할 수 있을 때 보고 싶은 곳은 가 보고, 만나고 싶은 사람은 만나며 살다가 세상을 하직할 때 가볍게 떠나고 싶다. 미적거리던 동창회 참석을 기정사실로 한 건 그런 이유였다.

동창회 전날, 아침 일찍 출발했다. 집결 장소는 목포지만 근거리에 있는 고향 진도에 가야겠다고 작정했다. 광주에서 친구를 만나 고향 진도로 향했다. 학창 시절 추억의 산실인 진도읍에 내려 숙소를 정하고 짐을 풀었다. 십 년이면 강산도 변한다던데 나는 고향 땅을 밟은 지 수십 년이 넘었다.

친구의 도움으로 새롭게 개축한 모교를 둘러보고 학창 시절 시험 마지막 날이면 들락거렸던 단골 빵집, 가난한 자취방, 눈을 피해 다녔던 극장, 이곳저곳을 발바닥에 땀이 나도록 찾아다녔다. 생활 환경이 너무 변해 고향에 사는 동창의 도움이 없었다면 길 찾기가 어려웠으리라.

다만 변하지 않은 게 있다면 세월이 가도 묵묵히 자리를 지키고 있는 모교 교문 안 노거수와 사정리 아름드리 팽나무뿐이었다. 보호수라는 이름표를 달고 아직도 옛날 그대로 청청한 모습으로 노인이 된 우리를 맞았다. 수령이 오백 년을 넘었다고 하니 지금 상태로 너끈히 곱절은 살 것 같았다. 아름드리 팽나무 둘레에 평상이 마련되어 있었다. 그 자리에 앉아 다시 못 올 것처럼 팽나무와 인증사진을 남겼다. 나무가 마치 돌아온 자식을 품어주는 어머니 품처럼 살갑게 느껴졌다.

붉은 해는 노을빛 속으로 숨고, 우리는 어둠이 내리는 골목길로 들어섰다. 허기진 배를 채우기 위함이었다. 현지 친구의 안내로 맛집으로 소문난 갈치조림집에 들어가 저녁을 해결하고 찻집으로 향했다. 옛 다방 단골 메뉴인 쌍화차를 들며 또 학창 시절 얘기에 빠져들었다. 해도 해도 화수분처럼 피어나는 이야기꽃, 식당 주인, 찻집 주인, 누구네 누구 하면 알 수 있는 분들이었다. 한 페이지만 넘겨 보아도 알음알음 다 알 수 있는, 고향이란 이런 곳이구나 싶었다.

동창회 당일, 빡빡한 일정을 소화하려면 널브러져 있을 수가 없었다. 현지 친구에게서 태우러 오겠다는 연락이 왔다. 동창회장의 배려로 차편을 제공받았다. 운전대를 잡은 친구는 일면식이 없는 다른 과 친구여서 떨떠름했는데 다행히 오지랖이 넓어 사람 대하는 데 스스럼이 없었다. 목포로 이동하는 동안 차 안에서 그를 통해 고향, 동창들 소식을 덤으로 듣는 즐거움을 누렸다.

시간에 맞춰 동창회장에 들어섰다. 오랜만에 만나는 얼굴들이니 처음엔 낯설어 누구냐고 묻느라 서먹했지만, 몇 분 안 있어 기억 속에 잠자던 옛 모습이 살아나 유쾌한 만남이 이루어졌다. 다들 한 가정을 책임져 온 건강한 어른들이었다. 보지 않고 살아 낯설 만도 한데 금방 마음이 편해졌다. 고향이란, 동창이란 이런 거구나 싶었다.

맛난 회정식으로 식사를 마무리한 후 자리를 털고 일어나 찻집으로 몰려갔다. 찻집 분위기가 화기애애했다. 식사 대금을 내는 친구, 차를 사는 친구가 있는가 하면 가는 길에 먹으라며 간식마저 안기는 친구도 있었다. 동창회장은 기부금을 희사한 친구들이 있어 회비는 받지 않겠다고 했다. 외지에서 온 친구들을 위해 끝까지 차편 배려에 마음을 썼다. 즐거움과 아쉬움이 교차하는 만남, 따뜻한 마음을 한아름 안고 울산행 차에 올랐다. 훈훈한 마음이 가슴 한가득이었다.

카톡방에 이렇게 감사의 글을 남겼다.

"누군가 삶이란 작은 기쁨으로 큰 아픔을 견디는 거라 하대요. 이번 고향나들이가 저에게는 그랬던 것 같습니다. 내 태 고향을 찾았을 때 너무 달라진 모습이 낯설어 고향을 잃었구나 싶었습니다. 고향을 상징하는 정겨운 초가집 돌담 골목, 누렁소, 고샅에 사람 하나 볼 수 없었으니까요. 한데, 동창 모임에서 함께 늙어가는 친구들을 보면서 안도의 숨을 몰아쉬었습니다. 나에게는 아직 고향에 이런 울이 되는 벗들이 살아있었구나 싶어서요.

　삶을 정리하는 단계에서 이번이 마지막이라는 생각으로 갔는데 회장님 말씀, '다리가 성해 걸음을 걸을 수 있을 때까지' 라는 말이 동창회 구호처럼 나를 놓아주지 않습니다. 그래서 생각을 바꿨습니다. 회장님 말씀을 따르는 걸로요."

어느 가수에 대한 변명

    가요 경연에서 선발되어 뭇사람의 사랑을 받는 가수가 있다. 지금, 인터넷 창에 그 가수의 행보가 바람직하지 않은 방향으로 흘러 뜨거운 감자로 떠오르고 있다. 덮고 덮으려 해도 비판 여론의 뭇매를 맞고 있는 가수를 보면 안타까운 생각이 든다.
    가정 환경이 푼푼치 않음에도 타고난 재능이 있어 잘 나간다 싶었다. 하지만 음주 운전에 뺑소니 사고로 도마 위에 올랐다. 유명세를 탔던 만큼 군중의 반향이 뜨겁다. 뺑소니 교통사고는 일반인 사이에도 종종 발생하는 사고지만, 이리 시끄러운 사회적인 논점이 된 적은 없다.

가수는 공인으로 인기를 먹고 사는 직업이다. 자칫 대중이 등 돌리면 가수로서의 생명은 끝이다. 그래서 공인은 무엇보다 우선하는 게 자기 관리의 엄중함이다. 인명피해가 없으니 납작 엎드려 정직하게 신고만 했더라도 가벼운 처벌로 끝났을 텐데 겁 없이 달아나는 바람에 사건을 키웠다.

어찌 보면 공인이기에 피치 못할 사정이라는 것도 있지 않을까. 잘 나가는 가수이다 보니 스케줄이 많을 테고, 개인적인 운신의 폭은 좁았을 터, 일 때문에 사람을 만난 자리에 좋아하는 술이 있고, 술의 유혹을 못 이겨 마셨을 수도 있다. 엎어치나 매치나 자기 관리 부실인 건 맞다. 여타 가수들이 성대 보호를 위해 술담배를 금하는 상황이고 보면 변명의 여지가 없다.

어찌 보면 이게 불완전한 인간의 모습이 아닐까. 그 상황이면 나라도 겁이 나 일단 도망치고 봤을 것이다. 그렇다고 가수의 잘못을 응원하는 것은 아니다. 누가 거들지 않더라도 자신의 평생 이력에 교통사고 뺑소니 가수라는 오점을 보탠 꼴이 아닌가.

내가 이 가수의 행위에 마음을 쓰는 데는 이유가 있다. 내 친구가 이 가수의 팬클럽 회원이다. 무료해 하던 친구가 팬클럽 회원이 되고부터 전에 없이 밝고 활기차게 살았다. 친구 덕에 나도 그 가수의 CD며 영화, 콘서트장을 섭렵했다. 가수에 열광하는 군중을 보면서 공연 예술의 선한 영향력이 이런 것이구나 싶었다. 금전적 기부가 아니라 노래 하나만으로도 수많은 군중에게 기쁨을 선물하고 있으니 하는 말이다.

콘서트장에서 본 그 가수의 빛나는 얼굴은 죄짓고 도망갈 인물이 아니었다. 인물도 노래 실력도 어느 것 하나 빠지지 않았다. 이 가수의 팬층이 두터운 건 부모의 뒷바라지 없이 자력으로 세계 무대에서도 통하는 실력을 갖춘 가수로 거듭났기 때문이리라. 콘서트 차 고향인 울산에 내려와 어린 시절 유일한 의지처였던 할머니 산소에 찾아가 울었다는 말을 들을 땐 안쓰러운 생각에 가슴 뭉클했다.

내 친구는 그 가수 팬덤 활동 덕에 삶이 즐겁다고 했다. 그 사실을 콘서트장에서 확인했다. 조용한 친군데 콘서트장에서 열광하는 그녀의 모습은 이전의 그녀가 아니었다. 내가 바라보며 웃자 자신의 어디에 이런 끼가 숨어 있었는지 모르겠다고 했다. 공연장을 찾은 수 많은 관중도 같은 마음이리라. 그녀가 이 사태를 어찌 견뎌낼지….

성경 한 구절이 떠오른다. 예수님은 간음한 여자에게 팔매질하는 군중을 향해 "너희 가운데 죄 없는 자가 먼저 그 여자에게 돌을 던져라!" 하시자, 그 많은 사람들이 한 사람도 남지 않고 자리를 떴다고 한다. 이 세상에서 죄에서 자유로운 사람이 없다는 말일 터, 이 사건을 나를 돌아보는 성찰의 계기로 삼으면 어떨지. 그러다 보면 가수에 대한 이해의 폭이 조금은 넓어지지 않을까.

조물주는 애초에 인간을 완전한 사람으로 만들지 않았다. 어떤 사람은 반듯하게, 어떤 사람은 부실하게 창조하셨다. 아마 사람과 사람의 관계 속에서 서로 부대끼며 행복을 만들어 살게 하려는 의도인지도 모른다. 사실 반듯한 사람치고 재미있는 사람은 드물다. 어딘가 모자란 듯 어수룩한 모습, 더러 실수를 하는 모습에 정감이 간다.

피차 부족한 부분을 채워 가며 사는 것, 그게 말처럼 쉬운 일이기만 할까. 대부분 인간은 호의적인 감정보다 좋지 않은 감정을 더 오래 기억한다. 용서가 말처럼 쉽지 않은 이유이다.

"사람이 살다 보면 그럴 수도 있지." 하는 이도 더러 있다. 안타까워 그러했지만 그렇다고 무조건 죄를 덮어주고 감싸주는 게 능사는 아니다. 가수의 성장에도, 사회 정의에도 도움이 될 것 같지 않다. 잘못이 있다면 시시비비는 가려야 하리라. 다만 일벌백계로 삼는 건 국가에서 할 일이지 군중이 나서 마녀 사냥식으로 단죄한다면 이 세상에 살아남을 자가 있을까.

흙탕물은 흐르면서 정화하기 마련이다. 조용히 기다려 주는 게 성숙한 인간의 모습이 아닐지. 가수도 실책을 덮으려고만

하지 말고 정직하게 잘못을 인정하고 바루는 태도를 보인다면, 바라보는 시선도 달라져 언젠가는 진정 제 몫을 해낼 큰 가수가 될 수 있지 않을까.

어려운 시절, 우연히 음반 가게에서 듣게 된 푸치니의 오페라 '네순 도르마 빈 체로'의 힘차고 열정적인 선율에 매료되어 가수의 길에 들었다는 소년, 그 소년이 좋은 환경에서 자랐다면 하다가도 누구나 어려움을 견디면서 성숙해진다는 걸 생각하면 이 고난이 결코 헛되지는 않으리라 여겨진다.

사람은 다양한 체험에서 인생을 배운다. 이 가수가 지금은 비록 암울한 강을 건너고 있지만 포기하기엔 아직 젊다. 이번 사고가 바른 길로 나아가는 가교가 되어 밝고 단단한 모습으로 무대에 설 날을 기대하는 마음이다.

프로는 다르다

　북 축제 개막날 밤이다. 초가을답지 않게 날씨가 쌀쌀하다. 집에서 행사장까지는 한 시간 남짓한 거리다. 밤 외출을 좋아하지 않는 나로선 나서기가 쉽지 않았지만, 오늘은 달랐다. 북 축제에 대한 호기심도 있지만, 마음 맞는 친구와 약속이 잡혀 있어서다. 초대 손님 또한 내가 좋아하는 시인, 가수라 하지 않았던가.
　기대와는 달리 축제 현장은 한적하다. 너무 이른 시각이어서일까? 우리는 좋은 좌석을 차지하기 위해 책 전시장은 눈도장만 찍고 서둘러 공연장으로 발길을 돌렸다. 전시장 끝자락에 공연 무대가 설치되어 있었다. 북 축제답게 현수막과 색색의 풍선아트로 치장한 무대가 움츠러들었던 마음을 마저 끌어올린다.

무대 중심의 앞좌석에 지자체 단체장들이, 그 뒤를 이어 우리 일행, 뒤쪽에는 학생들이 자리를 잡았다. 일찍 와 앞좌석을 잡았다고 좋아했더니 그도 잠시, 뒷자리를 메운 학생들의 소란스러움으로 객석은 도떼기시장이 따로 없다. 조용히 하라고 소리칠 수도 없고 곱지 않은 눈길을 보내지만, 들뜬 학생들은 안하무인이다.

무대 위에선 이미 분위기를 띄우기 위한 리허설이 한창이다. 날아갈 듯 산뜻한 옷을 떨쳐입은 젊은 가수가 나와 축제의 분위기를 한껏 돋우는가 하면, 퓨전 바이올린의 경쾌한 연주와 댄스가수의 현란한 춤 사위가 어우러져 무대 분위기를 한껏 끌어올리고 있다. 객석 관중, 뒷좌석 학생들의 소란스러움도 환호성으로 바뀐 건 물론이다. 노래가 끝날 때마다 학생들의 우레와 같은 박수와 함성, 무대도 객석도 온통 젊은 열기로 들썩인다.

젊은 출연자들의 순서가 끝나자, 세대교체라도 하듯 통기타를 맨 나이 지긋한 아저씨들이 등장한다. 연예인이지만 연예인 같지 않은 연예인, 그들은 분위기가 달랐다. 한물간 노장답게 허술한 청바지에 적당한 흰머리, 잘 보이기 위한 어떤 꾸밈도 없다. 같이 늙어간다는 동질감일까? 초라한 그들의 모습에 동병상련의 정이 인다. 저들도 한때는 뭇 사람의 마음을 설레게 했던 감성 가수였는데…….

 주위가 썰렁해 둘러보니 젊은 가수들에 열광하던 학생들이 흔적 없이 빠져나가고 없다. 밀물처럼 빠져나간 건 그들만이 아니었다. 초대된 내빈들마저 하나둘씩 앞자리를 비워갔다. 빈 객석을 바라보며 이대로 계속 콘서트를 진행할 수 있을까 싶었다. 관객석에 앉은 내 마음도 이런데 빈 객석을 바라보며 노래할 당사자들의 마음은 오죽할까. 학생들은 취향이 안 맞아 그렇다손치더라도 초대된 내빈들은 최소한 자릿값은 해야 하지 않을까.

 공연 시작으로 부질없는 망상은 잠재웠다. 한 길을 쉼 없이 달려 온 노장답게 그들 특유의 농익은 하모니가 공연장의 싸늘한 기운을 녹여 청명한 가을 하늘에 울려 퍼졌다. '그대에게 행복을 주는 사람', '내 마음의 보석상자', '어서 말을 해', 국민의 애창곡이자 교과서에도 실려 명성을 떨친 '사랑으로', 하나하나가 주옥같은 노래들로 기타 선율을 타고 이어진다. 부드럽고 잔잔한 노래는 어떤 강렬한 사운드보다 깊은 울림이 있다. 역시 그들의 공연은 범상치가 않다.

젊은 가수는 외모부터 화려해 활기찰지는 몰라도 가슴을 울리는 감동은 적다. 인생 가을에 접어든 가수여서일까? 그들의 흰머리마저 관록으로 보인다. 객석의 관중들과 눈을 맞추듯 호소력 있는 기타 선율, 속삭이듯 뿜어내는 가수의 열창에서 젊은 청춘이 살아나는 느낌이다. 노래 사이사이 시인과 나누는 대화도 북콘서트에 감칠맛을 더했다. 농익은 단풍이 계절의 정점임을 상징하듯, 그들의 연륜이 예술혼의 정점에 닿아 있다. 텅 빈 객석임에도 그들은 동요없이 성숙한 모습으로 일관한다. 끝까지 자신들의 페이스대로 열과 성을 다하는 모습에서 노장의 여유로움이 느껴진다.

어떤 가수는 방송에 나와 자신이 초대받아 간 장소가 너무 허접해 공연을 취소하고 돌아와 버렸노라고 했다. 그 후 그 가수를 보면 프로답지 않은 미숙한 이미지가 따라붙었다. 외모가 훈훈해 보여 좋아했는데 그 사건이 떠올라 바라보는 느낌이 전과 같지 않다. 자기 직분을 잊고 얕은 감정에 휘둘리는 사람을 어찌 프로라 할 수 있을까.

그들은 달랐다. 허름한 청바지에 기타 반주와 자신의 노래가 전부이지만 상황에 좌우되지 않고 자리를 지킨 소수를 위해 열과 성을 다하는 모습, 그들은 역시 프로였다. 그들이 부르는 노래는 그냥 흔하게 불리는 대중가요가 아니라 한 편의 시요, 마음 설레게 하는 세레나데다. 가을 하늘에 울려 퍼지는 주옥같은 노랫말이 보석이 되어 가슴에 알알이 맺히는 듯하다.

친구와 마주 보며 '역시 노장은 죽지 않았어.' 라는 무언의 대화를 나눈다. 해 떨어지기 직전의 강렬한 노을빛처럼 객석이 비어가도 최선을 다하는 그들의 모습에서 삶의 자세를 배운 밤이다.

하산길

　남편과 함께 가을 설악산 등산길에 나선 길이다. 등산 초보인 내가 악산으로 유명한 설악산을 택한 건 암담한 삶에 변화를 가져보고자 낸 용기였다. 오색에서 하룻밤을 자고 어둠이 가시지 않은 새벽부터 길을 나섰다. 무거운 배낭을 메고 손전등으로 어둠을 가르며 가풀막진 산길을 오르기란 쉬운 일이 아니었다.
　안내원은 산을 오르기 시작할 때 위험 주의보를 내렸다. 다른 것 보지 말고 앞사람 발뒤꿈치를 놓치지 말라는. 이게 무슨 소린가 싶었다. 단풍 구경을 하며 무거운 마음을 훌훌 털어버리려고 새로운 길을 모색하기 위해 찾아 나선 길인데 앞사람 발뒤꿈치를 놓치지 말라니. 하긴 한 사람이라도 잃거나 사고가 나면 일정에 차질이 생기니 안내자로서는 당연한 소임이리라.

산행 경험이 많지 않은 초보가 악산을 택한 것부터 무리였다. 허겁지겁 오르느라 단풍 구경은 꿈도 못 꿀 일이었다. 안내원들은 단풍 구경이 목표가 아니라 사고 없이 계획한 시간 안에 대청봉에 오르는 게 목적인 듯했다. 우리는 안내원의 지시대로 앞사람 발뒤꿈치 따라잡기에 급급했다.

반은 기어서 목적지인 대청봉에 다다랐다. 용을 쓰고 오른 것에 비해 눈에 들어온 정상은 실망스러웠다. 이미 가을의 정취가 사위었고, 머리 풀어 산발한 운무만 제 세상을 만난 듯 시야를 가려 앞도 내다볼 수가 없었다. 정상 추위에 떨고 있는 오종종한 나무들, 지금의 내 처지와 다르지 않아 보였다. 이곳에서 뭘 얻고자 왔을까.

안개비 속에 산객들은 허기진 배를 채우듯, 비에 젖은 정상석을 끌어안고 사진 찍기에 열을 올렸다. 나도 언제 이곳에 또 와 보겠는가 싶어 사진 촬영에 가세했다. 촬영이 끝나자 맥이 풀렸다. 안개비에 젖은 늦가을의 추위가 뼛속까지 파고들었다. 평소 산을 잘 타는 남편도 지쳐 보이는데 나의 상태야 말해 뭣할까.

대피소에서 차가운 도시락으로 주린 배를 채우고 일정에 쫓겨 쉴 틈 없이 안내원의 앞사람 놓치지 말라는 독촉을 받으며 하산 길에 나섰다. 어찌 내 삶과 이리도 똑같을까. 나의 삶도 남의 발뒤꿈치 따라잡기의 연속이었다. 정신없이 달리다 보니 남편은 어느새 반환점을 돌아 초췌한 몰골로 집에 들어오고, 삶의 낙이었던 아들은 자신의 길을 찾아 둥지를 떠나갔다.

세상은 무심하기만 했다. 긴장의 연속이었던 삶은 조여진 나사가 헐거워져 겉돌고, 웃는 얼굴을 본 지 오래인 남편의 모습이 집안 공기를 무겁게 내리눌렀다. 냉기에 젖은 마음자리가 바람 든 무처럼 푸석했다. 평생 쉼 없이 달려 다다른 정상치곤 너무 허무하지 않은가.

안내원은 다시 하산길 주의보를 내렸다. 신행은 아직 끝나지 않았다. 절반이 남았다. 등산은 올라갈 때보다 내려갈 때가 사고 위험률이 높으니 긴장을 풀면 안 된다고 소리쳤다. 끝이 아니라 '절반'이라고. 절반, 절반이란 말이 강하게 귀에 꽂혔다. 우리가 가야 할 길이 아직도 절반이 남아있다는 얘기다. 오르막길과 내리막길의 만나는 지점, 이제 겨우 인생의 절반을 살았는데 웬 호들갑인가!

높은 산일수록 기후변화가 심했다. 운무로 뒤덮인 정상과는 달리 하산길 천불동 계곡의 산허리는 화창한 날씨에 수채화 물감을 뿌려놓은 듯 오색의 단풍 잔치가 한창이었다. 빛깔 고운 단풍의 절정, 눈을 어디에 두어도 밝고 아름다웠다. 우리도 단풍 잔치에 초대받은 주인공이 아닌가. 생각에 따라 인생 절정기인데 왜 이리 마음 졸이며 사는가. 현재를 즐기는 단풍의 생리를 배우자. 아름답지 않은가.

하산길! 결실의 정점에 우리는 서 있다. 애써 잔칫상 마련해 놓고 즐기기도 전에 앞날을 생각하며 우울해 하는 건 어리석은 짓이다. 그리 생각하니 막막하던 마음이 가벼웠다. 안개는 걷히고 나아가야 할 길이 보였다. 홀가분했다. 급히 오르느라 놓친 것들을 하나하나 살펴 돌보는 일, 그러다보면 노후의 삶이 좀더 여유롭고 따뜻해지지 않을까.

한치 앞도 모르는 인생, 만고의 진리를 담고 있는 산에서 오늘도 한 수 배웠다.

배
정
순
수
필
집

파인 곳은 돋우고 웃자란 건 잘라 바루면서
눈물은 왜 없었겠습니까?
졸문 하나하나 출산할 때마다
그만큼의 무게로 마음이 가벼워지더군요.
이젠 다가오는 여정. 어찌 살아야 할지 어렴풋이 길이 보입니다.

우리시대의 수필 작가선 110

야자수 너울에 정박하다

배정순 2024

인쇄일	2024년 12월 05일
발행일	2024년 12월 09일

지은이	배정순
발행인	이유희
편집인	이숙희
발행처	수필세계사
인쇄처	포지션

출판등록 | 2011. 2. 16 (제2011-000007호)
주소 | 41958 대구광역시 중구 명륜로 23길 2
연락처 | Tel (053) 746-4321 / Fax (053) 793-8182
E-mail | essaynara@daum.net

값 13,000원
ISBN 979-11-93364-10-9

* 본 서적은 2024 울산문화관광재단의 예술인 창작장려지원금을
  지원 받아 출간되었습니다.